# Kooperatives Lernen in der Grundschule

## Zusammen arbeiten – Aktive Kinder lernen mehr

Reinhard Bochman / Ruth Kirchmann

Mit einem Vorwort von Kathy und Norm Green

**Kooperatives Lernen in der Grundschule**
Zusammen arbeiten – Aktive Kinder lernen mehr

Autoren: Reinhard Bochmann, Ruth Kirchmann
Vorwort: Kathy und Norm Green

Illustrationen: Thilo Krapp, Berlin
Fotos: Bert Butzke, Mülheim a.d. Ruhr
Grafik: Bernd Speckin, Mülheim a.d. Ruhr

Neue Deutsche Schule Verlagsgesellschaft mbH
Nünningstraße 11
45141 Essen
Fon 0201 2940306
Fax 0201 2940314
mail: info@nds-verlag.de
www.nds-verlag.de

# Vorwort

Mit großer Freude empfehlen wir Ihnen dieses Buch und seine Autoren. Ruth Kirchmann und ihr Kollege Reinhard Bochmann haben mit diesem praktischen Unterrichtshandbuch ein wundervolles Werk geschaffen – für Berufsanfänger und Lehrer, die in ihren Grundschulklassen kooperativ und demokratisch arbeiten und erziehen wollen.

Jemand, der eine Klasse besucht, wird nicht unbedingt auf den ersten Blick die Planung und Vorbereitung erkennen, die hinter einer kooperativen Unterrichtsstunde für etwa 25 junge Menschen steckt. Glücklicherweise sind Ruth und Reinhard in der Lage – dank umfangreicher Forschung sowie Reflexion und Dokumentation ihrer eigenen Unterrichtserfahrung – eine authentische Anleitung vorzustellen. Für alle, die ihren bisherigen Unterricht überdenken und damit beginnen wollen, in ihren Klassenzimmern das Kooperative Lernen einzuführen, ist dies ein hilfreiches und ermutigendes Buch.

Die Autoren beginnen mit einem kurzen Überblick über die Grundbegriffe Kooperativen Lernens, stets eingebettet in den Kontext der Primarstufe. Sie ziehen Verbindungen zu aktuellen pädagogischen Entwicklungen, wie dem Unterricht in altersgemischten Klassen und von Kindern, die Deutsch als Zweitsprache sprechen. Außerdem berücksichtigen sie die Ergebnisse der PISA-Studie wie auch aktuelle politische Entwicklungen und prüfen, wie deren „Anforderungen" im kooperativen Klassenzimmer begegnet werden kann.

Zu wissen, wie Kooperatives Lernen reibungslos funktioniert, ist das A und O erfolgreichen Unterrichts. Es ist genau das, was Lehrer brauchen, die sich in ihrer Unterrichtszeit vor allem auf die Kinder und ihre individuellen Bedürfnisse konzentrieren wollen. Die Autoren haben nur einige wenige Methoden ausgewählt, und zwar solche, die sich für eine große Bandbreite von Fächern und Unterrichtssituationen einsetzen lassen. Das wichtigste Auswahlkriterium war dabei stets die Eignung für Anforderungen des Grundschulalltags. Da sie mehr Gewicht auf den demokratischen Aspekt des Kooperativen Lernens legen, begreifen Ruth und Reinhard Methoden weniger als Werkzeuge denn als Unterstützung, um wichtige pädagogische Ziele zu erreichen.

Die Autoren glauben, dass Lehrer, die Schule als Ort kooperativen und sicheren Ort der Zusammenarbeit gestalten, ein wirklich professionelles Konzept anbieten, welches Eltern anerkennen und wertschätzen und dessen Beitrag zur Erziehung und Ausbildung ihrer Kinder sie unterstützen werden. Die Kinder werden sich gerne an diesem Ort aufhalten, weil sie sich sicher fühlen in ihrem Wissen um die Vorgänge im Unterricht, den Ablauf der Aktivitäten und dem Bewusstsein ihrer eigenen Begabungen und Verantwortlichkeiten. Und sie werden eine Zufriedenheit empfinden, die daher rührt, dass sie von professionellen Pädagogen unterrichtet werden.

Kinder sind per Definition spontane Wesen, die lernen müssen, wie man gemeinsam arbeitet. Für Lehrer birgt dies besondere Herausforderungen. Wie können wir Schulerfahrungen schaffen die das Lernen fördern und gleichzeitig dem Entwicklungspotenzial und der Forschernatur der Kindheit gerecht werden? Wir können uns glücklich schätzen, dass Ruth Kirchmann und Reinhard Bochmann uns Unterstützung liefern für unseren Entschluss, wirksamen Unterricht zu entwickeln, der sich auf optimiertes Lernen und kooperative Zusammenarbeit konzentriert. Dieses Buch bietet sorgfältige Orientierung und konkrete Hilfestellung für das Erreichen dieser Ziele.

*Norm and Kathy Green*

# Inhalt

# Einleitung

"It is one of the greatest ironies and tragedies of our educational system that we come to settle generally and almost exclusively on autocratic classroom structures as methods to prepare students for participation in a democracy. [...]

What missed opportunity!

When we adopt the cooperative alternative, (students) divide their time between presenting, listening carefully to others and representing the point of view of others. [...]

If we are to fullfill our mission as educators in a democracy, we must walk the walk, not just talk the talk." (Green, Green 2004)

„Es war eine schöne, von Optimismus geprägte und lehrreiche Zeit, die wir in den Workshops mit Norm und Kathy Green in Mönchengladbach über drei Jahre erleben durften." (Reinhard Bochmann)

Wenn man seit über 30 Jahren in der Schule als Lehrer tätig ist, 25 Jahre als Ausbilder und Fortbilder durchlebt hat, glaubt man ja, man habe alles Wesentliche zum Thema Schule und Unterricht gesehen, gehört und erfahren. Insofern bin ich selbst am meisten überrascht, dass ich dieses Fazit über die Zusammenarbeit mit Norm und Kathy Green zum Kooperativen Lernen so uneingeschränkt ziehen kann.

Natürlich war nicht alles neu, was wir während der Workshops erfuhren. Viele Erkenntnisse, Einsichten und Einstellungen zu Schule und Unterricht waren uns im Verlauf unseres Berufsweges immer wieder begegnet. Doch Norm und Kathy Green stellten für uns einen neuen Zusammenhang her. Sie konnten uns im Verlauf des dreijährigen Trainings nachhaltig davon überzeugen, dass qualifiziertes inhaltliches Lernen, die Ausbildung demokratisch orientierter sozialer Lernprozesse und die Entwicklung methodischer Kompetenzen bei Schülern ganzheitlich durch die Ideen des Kooperativen Lernens erreichbar sind.

Unsere Überzeugung wuchs mit unserer Unterrichtserfahrung. Nach den ersten Workshops stellten wir unsere Unterrichtspraxis um, setzten die erlernten methodischen Werkzeuge stärker in unserer Unterrichtsgestaltung ein und konnten erleben, dass die Lernmotivation, die Lernergebnisse und das soziale Klima sich in unserer Klasse positiv veränderten.

Immer häufiger „erwischten" wir unsere Schüler in Arbeitsphasen, in denen sie konstruktiv, intrinsisch motiviert und respektvoll miteinander kooperierten.

Natürlich gab es auch gelegentlich Rückschläge und Zweifel am Gelingen unserer Arbeit. Doch Norm und Kathy Green haben uns während dieser Zeit ausgesprochen liebevoll begleitet, immer wieder ermutigt und mit ihrer Sachkenntnis weiter geholfen. Ihre Workshops waren für uns regelrechte Jungbrunnen, aus denen wir stets gestärkt und optimistisch in unser berufliches Umfeld zurückkehrten.

Dafür sind wir Norm und Kathy Green unendlich dankbar.

Auch Peter Blomert, dem unermüdlichen Schulleiter, der Norm und Kathy in den Raum Mönchengladbach lotsen konnte und uns immer mit Tipps und tatkräftigem Support zur Seite stand, möchten wir hiermit danken.

Ein großer Dank gebührt auch der Stadt Mönchengladbach, die unter der Federführung von Herrn Stadtdirektor Wolfgang Rombey, des Schulamtes und unter Mithilfe zahlreicher Sponsoren der lokalen Wirtschaft dieses einzigartige Fortbildungsprojekt für Lehrer möglich gemacht hat.

Mehrere hundert Lehrer aller Schulformen haben in Mönchengladbach die Workshops von Norm und Kathy Green besucht, vierzig Lehrer haben die Ausbildung zum Moderator und Trainer für Kooperatives Lernen absolviert und sind nun intensiv in der Lehrerfortbildung engagiert.

# Was Sie von diesem Buch erwarten können

## Kooperatives Lernen aus Sicht der Grundschule

Mittlerweile gibt es in der didaktischen Literatur auch in Deutschland zahlreiche Veröffentlichungen zu Methoden und Zielsetzungen des Kooperativen Lernens. Es liegt wohl in der Natur der Sache, wenn mit der Anzahl der publizierten Beiträge die Übersichtlichkeit dieses Lehr- und Lernkonzepts, seine Schärfe und Klarheit nicht im gleichen Maße wachsen, denn die meisten Veröffentlichungen stellen das Konzept des Kooperativen Lernens eher allgemeindidaktisch dar (Green 2005, Weidner 2003).

Seltener ist bislang der Versuch unternommen worden, grundlegende Zielsetzungen und Methoden des Kooperativen Lernens unter der Perspektive einer bestimmten Schulform zu erhellen und nur die Elemente des Konzepts zu erarbeiten, die für die Schulform relevant erscheinen (Brüning, Saum 2006).

Dies wollen wir in diesem Buch ausdrücklich versuchen. Wir wollen insbesondere aufzeigen, wie Lehrer mit ausgewählten Aspekten des Konzepts in der Grundschule arbeiten können und was sich für ihre Schüler und für sie selbst im Lernalltag positiv verändern kann.

Natürlich ist es zum tieferen Verständnis des Kooperativen Lernens auch notwendig, sich mit einigen wesentlichen Grundfragen des Lehrens und Lernens zu beschäftigen. Doch werden wir diese Auseinandersetzung ebenfalls vor dem Hintergrund der Erfordernisse und Rahmenbedingungen der Arbeit in der Grundschule führen.

## Keine Ultima Ratio

Wir werden das Konzept des Kooperativen Lernens nicht als Allheilmittel für alle Probleme der Schul- und Unterrichtsarbeit darstellen. Damit würde man das Konzept gründlich missverstehen und am Ende sich selbst als Lehrer überfordern. Erfolgreich kann der Lehrer damit nur arbeiten, wenn er die neuen Möglichkeiten für sich und seine Schüler entdeckt, aber gleichzeitig auch die Grenzen des Konzepts kennen lernt.

Daher werden wir uns nicht der Verführung hingeben, sämtliche Problemfelder von Schule und Unterricht, die vom Konzept des Kooperativen Lernens tangiert werden, ausführlich und in aller Breite zu diskutieren. Wir möchten uns auf die Darstellung der grundlegenden Zielsetzungen und Werkzeuge des Kooperativen Lernens beschränken und den Schwerpunkt darauf legen zu klären, wie man in der Grundschule praktisch damit umgehen kann.

Gleichzeitig ist es uns ein Anliegen aufzuzeigen, bei welchen grundschulspezifischen Problemfeldern die Instrumente des Kooperativen Lernens eine Hilfe sein können und wie man sie am besten einsetzt. Wir möchten auch den Fokus darauf legen, dass das Konzept des Kooperativen Lernens nicht nur eine Ansammlung von Methoden ist, sondern auch einen wichtigen Beitrag zur demokratisch orientierten Erziehung in unserer Schule anbietet.

Deshalb liegt der Schwerpunkt unseres Buches eindeutig auf der praktischen Ebene der Grundschularbeit. Wir zeigen, welche Methoden des Konzepts für typische, immer wiederkehrende Lehr- und Lernsituationen geeignet sind und zeigen Wege auf, wie man diese schnell und unkompliziert in die eigene Unterrichtspraxis integrieren kann.

Sie werden weiterhin zahlreiche erprobte Unterrichtseinheiten finden, die deutlich machen, wie kooperative Lernmethoden das Lern- und Sozialklima einer Klasse verändern und insbesondere das Niveau der Lernergebnisse steigern können. Sie finden für die Jahrgangsstufen 1/2 und 3/4 praktische Unterrichtsbeispiele zu verschiedenen Fächern und Lernbereichen. Diese Unterrichtseinheiten wurden von uns in den letzten Jahren allesamt für den eigenen Unterricht entwickelt und natürlich auch praktisch durchgeführt. Wir haben aus unserer Praxis diejenigen Unterrichtssequenzen ausgewählt, die einen gewissen Modellcharakter besitzen und in ihrer Struktur leicht übertragbar sind auf unterschiedliche Lernbereiche oder andere thematische Intentionen der Grundschularbeit.

Außerdem bieten wir im Anhang des Buches eine Sammlung von Unterrichtsmaterialien als Kopiervorlagen an, die sofort in kooperativ gestalteten Unterrichtsphasen eingesetzt werden können.

**Mit diesem Buch möchten wir Ihnen insgesamt vermitteln,**

◆ **welche Ziele und Grundlagen das Kooperative Lernen besitzt,**

◆ **warum gerade in der Grundschule das Kooperative Lernen sinnvoll ist,**

◆ **welche Methoden des Kooperativen Lernens für die Grundschule besonders geeignet sind,**

◆ **welchen Beitrag zur demokratischen orientierten Entwicklung des Schullebens es anbietet,**

◆ **wie man typische Unterrichtssituationen in der Grundschule kooperativ gestalten kann**

◆ **und wie man in den einzelnen Jahrgangsstufen und Unterrichtsfächern kooperativ planen und unterrichten kann.**

# Kooperatives Lernen – Grundgedanken, Zielsetzungen und Bedeutung für die Grundschule

Das Konzept des Kooperativen Lernens versteht sich als ein Angebot von Unterrichts- und Lernstrategien zum Erwerb von **fachlichen, persönlichen, sozialen und methodischen Kompetenzen**.

Das Lernen von Kindern wird damit ganzheitlich definiert. Es vollzieht sich, wenn es erfolgreich sein soll, auf allen vier Ebenen gleichzeitig. Der Erwerb fachlicher Kenntnisse ohne individuellen Bezug, ohne Erfahrungen der sozialen Bedeutung sowie der demokratischen Zusammenarbeit mit Lernpartnern und ohne methodische Bewusstheit ist kein Erfolgsmodell mehr für schulische Arbeit.

Die Lehrpläne aller Bundesländer für die Grundschule zeigen mehr oder weniger prägnant, dass die angestrebten Lernprozesse in allen Unterrichtsfächern neben dem Aufbau von fachlichen Kenntnissen die Entwicklung von grundlegenden methodischen Schlüsselqualifikationen sowie demokratisch orientierten sozialen Kompetenzen in den Blick nehmen sollen. Dabei sollten auch die Verfahren des Unterrichts die Lernmotivation der Schüler entwickeln und erhalten, indem sie Lernfreude produzieren und gleichzeitig auch die persönliche Bedeutsamkeit für den Schüler deutlich werden lassen (Richtlinien u. Lehrpläne f. d. Grundschule in NRW 2003, S. 13–17).

## Die Schlüsselbegriffe

Schlüsselbegriffe des Kooperativen Lernens sind daher **Kommunikation, Kooperation** und **Sozialverhalten.**

Unterrichts- und Lernprozesse vollziehen sich im Kooperativen Lernen auf der Grundlage von Einzelarbeit, Lerngesprächen, gut organisierter Teamarbeit und in demokratisch orientierten Sozialbeziehungen. Dabei liegt die Aktivität klar auf der Seite der Lernenden. Sie sind die Macher, sie sind diejenigen, die arbeiten und lernen (Green 2005, S. 32 ff.).

Das Konzept des Kooperativen Lernens stellt zur Realisation dieses Verständnisses von Lernen und Unterrichten eine Sammlung von Werkzeugen (instructional tools) zur Verfügung, die geeignet ist, methodisches Können durch gemeinsames Lernen zu erwerben und demokratisch-soziale Kompetenzen zu entwickeln, um damit insbesondere das fachliche Lernen zu optimieren. Diese methodischen Werkzeuge bieten einen gut organisierten Rahmen für ein systematisches Zusammenspiel zwischen Phasen der Einzelarbeit, der Partnerarbeit und der Arbeit im Team.

Durch den Einsatz von kooperativen Lernmethoden in den Bereichen Methodenkenntnis, Teamarbeit, demokratisches Zusammenleben und Aufbau von Lernmotivation soll letztlich ein höheres Leistungsniveau aller Schüler erreicht werden. Daran will und muss sich das Konzept des Kooperativen Lernens messen lassen (Weidner 2003, S. 28 ff.).

Ohnehin ist es eine grundlegende Erfahrung von Lehrergenerationen, dass Schüler nur dann erfolgreich sind, wenn sie dauerhaft mit Freude, Interesse und Engagement lernen und dies auch gerne weitgehend freiwillig und selbstständig tun.

## Bewährte Methoden behalten – Neue Formen integrieren

Um auf kooperative Weise im Unterricht arbeiten zu können, müssen erfahrene Lehrer ihre erfolgreichen Lernmethoden nicht über Bord werfen. Das Konzept des Kooperativen Lernens versteht sich als offenes Angebot. Es definiert sich als eine Erfolg versprechende Möglichkeit, die vorhandenen methodischen Fähigkeiten eines Lehrers zu ergänzen und zu erweitern.

Ein Lehrer, der Kooperatives Lernen in seiner Klasse beginnen möchte, wird nichts, was sich bewährt hat, verlieren. Im Gegenteil, er wird neue, sinnvolle Methoden und Werkzeuge der Unterrichtsorganisation gewinnen und damit seine eigene Praxis bereichern. Es ist somit nicht zwingend notwendig, die eigene Unterrichtsarbeit völlig auf Kooperatives Lernen umzustellen. Der Lehrer kann punktuell in ganz bestimmten Phasen seines Unterrichts beginnen, einzelne Methoden und Teamverfahren einzusetzen und diese Art des Unterrichtens dann intensivieren, wenn er die erhofften Lernerfolge bei seinen Schülern beobachtet. Beim Ausprobieren dieses Lernkonzepts steht der Lehrer also nicht vor der Entscheidung für oder gegen das Kooperative Lernen, vielmehr steht er vor der Möglichkeit, sein vorhandenes methodisches Repertoire mit neuen Vermittlungswegen anzureichern.

## Warum ist Kooperatives Lernen gerade in der Grundschule wichtig?

Überraschenderweise gibt es trotz aller, oft unversöhnlich geführter und föderalistisch begründeter Diskussionen um das sinnvollste Schulsystem in Deutschland länderübergreifend einen klaren Konsens:

**Die Eingangsstufe des Lernens, die Grundschule, muss sinnvollerweise eine Gesamtschule sein, eine Schule, in der Kinder aller sozialen Schichten, Kinder mit ganz unterschiedlichen Begabungsausrichtungen und Kinder mit unterschiedlichem ethnischen Hintergrund gemeinsam unterrichtet werden.**

Dadurch leistet die Grundschule einen einmaligen Beitrag zur sozialen Integration in unserem Land, den man nicht hoch genug würdigen kann.

## Unterschiede der Schüler positiv nutzen

Die damit verbundene große Heterogenität in der Grundschule stellt aber auch die Lehrer vor komplexe Probleme und Aufgabenstellungen. Ihr Unterricht soll zahlreichen, oft differierenden Anforderungen nachkommen.

Individuelle Förderung jedes einzelnen Kindes, differenzierte Planung von Unterricht, Förderung des Sprachlernens von Kindern mit Migrationshintergrund, Unterricht in jahrgangsgemischten Klassen, vermehrte Übernahme von erzieherischen Aufgaben und die gleichzeitige Steigerung der Lernergebnisse der Schüler sind die dominierenden Kernaufgaben der Grundschule heute und in der Zukunft (Richtlinien u. Lehrpläne für die Grundschule NRW 2003).

Um diese schwierigen Aufgaben lösen zu können, benötigen Grundschullehrer viel mehr methodische Instrumente, die die ganze Bandbreite der biographischen Unterschiede der Schüler nicht als Hindernis behandeln, sondern im Gegenteil positiv zu nutzen wissen, um gerade dadurch insgesamt ein besseres Lernklima und deutlich nachhaltigere Lernergebnisse bei allen Schülern zu erreichen.

Dafür benötigen wir Vermittlungswege, bei denen die Schüler im Vordergrund stehen, in denen sie aktiv sind und sich alle mit ihren unterschiedlichen Begabungsschwerpunkten einbringen und respektiert fühlen können. Wir brauchen Lernsituationen, in denen sich die Schüler gegenseitig unterstützen und alle sich im Sinne einer demokratischen Gesprächskultur mit Toleranz und Respekt begegnen. Die traditionelle Rolle des Lehrers als Wissensvermittler und die komplementäre Rolle des Schülers als Wissenskonsument ist ein Modell der Vergangenheit, das als Auslaufmodell betrachtet werden muss. Dieses lineare Input-Output-Modell kann den vielfältigen Aufgaben in der Grundschule nicht mehr gerecht werden (Cohen 1986).

*klassischer Frontalunterricht*

## Bildungs- und Erziehungsstandards

Es ist grundsätzlich erfreulich, dass man sich seit Jahren mittels Vergleichsarbeiten und international angelegter Studien (PISA 2000, PISA 2003) um eine Definition und Anpassung von Bildungsstandards bemüht. Es zeichnet sich zunehmend weltweit ein breiter Konsens ab über zukunftsfähige Bildungsziele für Schule und Unterricht (Baumert 2001).

Neben den inhaltlichen Standards sind es insbesondere folgende Aufgaben und Fähigkeiten, die es in der Schule zu entwickeln gilt und die auch zentrale Anliegen des Kooperativen Lernens sind:

Berherrschen von
Lernstrategien

Anwendung von
Problemlösungsstrategien

Kommunikationsfähigkeit

Gefühl der
Zugehörigkeit

Ziele des
Kooperativen
Lernens

Entwicklung und
Unterstützung einer
positiven Lerneinstellung

Respektvoller
Umgang

Förderung der
Selbsteinschätzung

Toleranz

Entwicklung des
Selbstwertgefühls

Bereitschaft zur
Teamarbeit

Fühlt man sich diesen Zielsetzungen verbunden, erfährt auch das Rollenverständnis von Lehrern und Schülern eine grundsätzlich neue Ausrichtung. Der Lehrer versteht sich in diesem Lernkonzept vorrangig als Lernumgebungsgestalter, als Unterstützer von Kommunikationsprozessen und als Organisator von Methoden der Teamarbeit. Der Schüler dagegen ist vor allem ein aktiver Lern- und Kooperationspartner für seine Mitschüler (Forester 1994).

## Die Ziele des Kooperativen Lernens

Im Konzept des Kooperativen Lernens gibt es zwei zentrale Zielebenen, die sich wechselseitig unterstützen sollen und erst durch ihr Zusammenspiel einen nachhaltigen Lernerfolg der Schüler möglich machen:

### Höhere Qualität der fachlichen Bildung

### Herausbildung von sozialen Kompetenzen

Durch den organisierten Einsatz von Kommunikation zwischen den Schülern, durch teamorientierte Arbeitsprozesse und durch das Entwickeln von sozialen Fähigkeiten kann das Kooperative Lernen

◆ **die Effizienz inhaltlichen Lernens verbessern**

◆ **nachhaltig höhere Kompetenzstufen erreichen**

◆ **methodisches Bewusstsein vermitteln**

◆ **transferfähige Lernstrategien aufbauen**

◆ **Beziehungen innerhalb der Lerngruppe verbessern**

◆ **die intrinsische Motivation der Schüler erhöhen**

◆ **das Selbstwertgefühl der Schüler stärken**

◆ **die soziale Unterstützung des Einzelnen erhöhen**

◆ **kommunikative Fähigkeiten erweitern**

◆ **zu einer stärkeren Identifikation mit der Klasse, der Schule führen**

◆ **humane und demokratische Umgangsformen in der Schule verbessern**

*positive Aspekte des kooperativen Lernens*

## Die empirische Basis des Kooperativen Lernkonzepts

Es gibt mittlerweile zahlreiche empirische Untersuchungen und Studien zur Wirksamkeit der Lehr- und Lernmethoden des Kooperativen Lernens, vorzugsweise in den Vereinigten Staaten und in Kanada. Die begleitende wissenschaftliche Evaluation von didaktischen und methodischen Konzepten für die Arbeit in Schulen wird dort seit Jahren mit großem Aufwand betrieben (Johnson 1999, Joyce 1992).

Hinsichtlich des Kooperativen Lernens gibt es vier klare Ergebnisse der Evaluation:

1. **Zunehmendes Leistungsniveau.**
2. **Wachsendes Selbstwertgefühl.**
3. **Größere Akzeptanz und Toleranz von Unterschieden.**
4. **Zunahme positiver Einstellungen zum Lernen.**

Sieht man sich das überraschende und sehr gute Abschneiden Kanadas, wo das Kooperative Lernen seit Jahren in den Schulen stark implementiert ist, in der letzten PISA-Studie an, kann man durchaus eine Bestätigung der Aussagen zur Effizienz der kooperativen Lehr- und Lernmethode vermuten (PISA 2003).

William Glaser (Chatsworth, California) hat darüber hinaus einige bemerkenswerte Studien durchgeführt, um die Grundbedürfnisse von Schülern, die eine Grunddisposition für erfolgreiches Lernens sind, zu ermitteln (Green 2003). Seine Ergebnisse besitzen eine große Übereinstimmung mit den zentralen Zielen des Kooperativen Lernens:

### Sich zugehörig fühlen

Schüler besitzen ein starkes Bedürfnis, sich in der Lerngruppe heimisch zu fühlen. Der Wille zur Integration ist in der Regel ein Grundbedürfnis eines jeden Schülers. Die Schule muss alles tun, um dieses Grundbedürfnis zu fördern und zu unterstützen.

### Spaß haben

Kinder und Jugendliche haben bei allen Dingen, die sie tun, ein großes Bestreben Spaß und Lebensfreude zu erfahren. Auch das Arbeiten und Lernen in der Schule ist an diese Erwartung geknüpft. Schule und Unterricht werden wohl nachhaltig nur positiv besetzt sein, wenn sie den Schülern genügend Raum geben, Spaß und Lebensfreude nicht trotz, sondern gerade wegen des Unterrichts zu erleben.

### Anerkennung finden

Das Streben nach Anerkennung innerhalb der Lerngruppe ist eine starke Motivation für Schüler in der Kommunikation mit anderen und ihr Erreichen eine elementare Basis für ihr Selbstwertgefühl. Schüler mit einem starken Selbstwertgefühl, das durch die Anerkennung der Mitschüler Bestätigung erfährt, lernen erwiesenermaßen motivierter und erfolgreicher.

### Freiheit bewahren

Schüler besitzen ein großes Bedürfnis nach Freiheit von Erwachsenen. In der Schule lieben sie den Freiraum innerhalb ihrer Peer-Group besonders auch in Lernsituationen. Sie erleben eine starke Abhängigkeit vom Lehrer, wie sie in eher frontal ausgerichteten Unterrichtsprozessen besteht, als deutlich negativ und belastend. Lernen im Team ohne ständige Einflussnahme durch den Lehrer kann dieses Grundbedürfnis im Sinne erfolgreichen Lernens unterstützen.

## Erkenntnisse über die Lerneffizienz

In der Frage, welche Lernmethoden dazu führen, das neue Inhalte nachhaltig behalten werden, gibt es dank umfangreicher Untersuchungen klare Erkenntnisse.

Es besteht beim Erlernen neuer Inhalte ein eindeutiger Zusammenhang zwischen den eingesetzten Methoden und der Tiefe der Verarbeitung bei den Schülern sowie der Vernetzung des neu erworbenen Wissens mit bereits Gelerntem. Nur wenn diese Verbindung hergestellt werden kann, kommt es zu dem, was wir als nachhaltiges, nach längerer Zeit wieder abrufbares Wissen bezeichnen (Spitzer 2002, S. 293 ff.). Die eingesetzten Unterrichts- und Lernmethoden müssen diesen Prozess der Vernetzung möglichst optimal unterstützen.

### Schüler speichern

**5% dessen, was sie hören**

**10% dessen, was sie lesen oder sehen**

**20% dessen, was sie hören und sehen**

**30% dessen, was sie beobachten, demonstriert bekommen**

**50% dessen, was sie miteinander besprechen können**

**75% dessen, was sie selbst anwenden, wenn sie aktiv sind**

**90% dessen, was sie anderen beibringen oder erklären**

Für die Arbeit in der Grundschule erwächst hieraus eine klare unterrichtsdidaktische Schlussfolgerung:

Um die Lernzeit der Kinder wirklich sinnvoll und effizient zu nutzen, müssen wir Lehrer verstärkt auf Lernmethoden und Lernarrangements zurückgreifen, die folgende Aktivitäten bei den Schülern in den Vordergrund stellen:

**Sehen und hören**

**Kommunizieren**

**Kooperieren**

**Aktiv handeln**

**Lernpartnern helfen**

Wenn es dem Lehrer gelingt, einen Unterrichtsprozess so zu gestalten, dass jeder einzelne Schüler während des Unterrichts höhere Sprechanteile besitzt und aktiver als der Lehrer selbst ist, kann er sicher sein, dass seine Schüler deutlich bessere Lernergebnisse erreichen werden (Green 2003).

**„Nur derjenige, der aktiv ist, ist auch derjenige, der lernt."**

## Kooperatives Lernen und das Selbstbewusstsein der Schüler

Dass ein gutes Selbstbewusstsein von Schülern hilfreich für ihr Lernen ist, und dass wenig Selbstbewusstsein nicht nur die affektive Seite der Zusammenarbeit, sondern auch ganz klar die kognitiven Aspekte des Lernens hemmt, wussten wir schon, bevor aktuelle Studien der Hirnforschung (Spitzer 2002) dies bewiesen. Doch bleibt es oft bei oberflächlichen Stellungnahmen zum Thema („Man muss das Selbstbewusstsein stärken"). Es genügt jedoch nicht, einige gute Schüler zum Ende einer Stunde ihre Ergebnisse präsentieren zu lassen, um diesem Grundanspruch von Kindern Rechnung zu tragen.

Es bleiben folgende Fragen offen:

◆ Woraus genau setzt sich Selbstbewusstsein zusammen?

◆ Was kann ich jeden Tag für jeden meiner Schüler tun, um sein Selbstbewusstsein zu stärken?

◆ Wie kann ich das Bewusstsein der Schüler als Teil der Klasse und der Schule (Thema Schulkultur) stärken?

◆ Wie genau wirkt sich die Stärkung des Selbstbewusstseins auf das tägliche Leben in der Schule und die Leistungen der Kinder aus?

Wieder einmal zeigen uns die Pädagogen aus dem amerikanischen Raum, dass sich pädagogische Leitideen auch empirisch belegen lassen. Dr. Michele Burba hat zu diesem Thema breite Forschungsarbeit geleistet (**Effectiveness of Implementing the Esteem Builders Program School-wide on Elementary Students' Behavior and Academic Self-concept.** A Research Summary Written By Michele Borba, Ed.D., Craig Borba, Ed.D., & Robert Reasoner; vgl. auch http://www.micheleborba.com/Pages/PilotStudy.htm).

Sie definiert Selbstbewusstsein wie folgt:

**„Selbstbewusstsein ist die Einstellung, dass man sich selbst als kompetent empfindet, mit den Aufgaben und Herausforderungen des Lebens umzugehen."**

## Sicherheit

- Sich wohl und sicher fühlen
- Wissen, was von einem erwartet wird

- ☞ Bauen Sie Vertrauen zu ihren Schülern auf
- ☞ Stellen Sie eine warmherzige und ruhige Umgebung her
- ☞ Setzen Sie Grenzen, und legen Sie Regeln fest
- ☞ Sagen Sie klar, was Sie von ihren Schülern erwarten

## Zugehörigkeit

- Ein Gefühl der Akzeptanz und des In-Beziehung-Stehens
- Ein Gefühl, angenommen zu sein, geschätzt zu werden

- ☞ Ermöglichen Sie, Interessen, Fähigkeiten und Hintergründe von Mitschülern zu erfahren
- ☞ Lehren Sie, wie man sich realistische Ziele setzt
- ☞ Ermutigen Sie zu gegenseitiger Anerkennung und Unterstützung

## Mission

- Ein Gefühl von Sinn und Motivation im Leben
- Bereit sein, Verantwortung für die eigenen Taten zu übernehmen
- Realistische Selbsteinschätzung

## Man selbst sein

- Gefühl der Individualität
- Wissen über sich selbst
- Realistische Selbsteinschätzung

- ☞ Verstärken Sie, dass sich die Schüler selbst beschreiben
- ☞ Bilden Sie ein Bewusstsein für einzigartige Qualitäten aus
- ☞ Steigern Sie die Fähigkeit, Gefühle und Einstellungen identifizieren und benennen zu können

## Kompetenz

- Ein Gefühl des Könnens und das Erreichen von Zielen, die als wichtig oder wertvoll angesehen werden
- ✔ Sich eigener Stärken und Schwächen bewusst sein

- ☞ Zeigen Sie, wie man Fortschritte aufzeichnen und positiv bewerten kann
- ☞ Helfen Sie dabei, Schwächen zu akzeptieren und aus Fehlern zu lernen
- ☞ Lehren Sie, wie wichtig es für eigene Leistungen ist, sich selbst zu loben

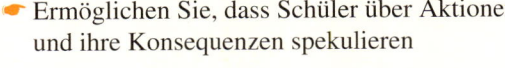

- ☞ Ermöglichen Sie, dass Schüler über Aktionen und ihre Konsequenzen spekulieren
- ☞ Helfen Sie dabei, ihre Leistungen einzuschätzen
- ☞ Lassen Sie die Schüler selbst Ziele setzen

**Bausteine des Selbstwertgefühls nach Dr. Michele Burba und Schritte für den Lehrer, diese Aspekte zu stärken:**

Burba untersuchte das Verhalten der Schüler, wie Vorkommnisse mit Aggressivität, und die Einschätzung der Lehrer das Schulklima und die Leistungen der Schüler betreffend an drei großen amerikanischen Grundschulen.

Diese Schulen führten über acht Monate hinweg ihr Programm „ESTEEM BUILDERS" durch, das auf den oben genannten Aspekten der Förderung von Selbstbewusstsein basiert.

Die Ergebnisse zeigten einen drastischen Rückgang von aggressivem Verhalten (physische, verbale und autoaggressive Gewaltäußerungen) der Schüler untereinander und eine größere Akzeptanz von Schulregeln. Ein positives Gesamtklima sowie die Steigerung von Lernergebnissen bestätigten ihre Untersuchungen.

Eine groß angelegte Studie wie diese, die sich so intensiv und empirisch belegbar mit Schülern und ihren personellen und interpersonellen Dispositionen beschäftigt, ist in Deutschland nicht denkbar. Forschungsgelder für derartige Untersuchungen fehlen.

Dennoch können wir doch Nutzen aus Burbas Erkenntnissen ziehen, indem auch wir in unseren Klassenzimmern das Selbstbewusstsein der Schüler gezielt und systematisch stärken.

Die Methoden des Kooperativen Lernens tragen im besonderen Maße zur Steigerung des Selbstwertgefühls bei:

◆ Durch den Rückhalt in der Gruppe ist ein Gefühl der Sicherheit gegeben.

◆ Kontaktaktivitäten stärken die Sicherheit und das Gefühl der Zugehörigkeit, da man hier etwas von sich preisgibt, bzw. etwas über seine Mitschüler erfährt.

◆ Die Evaluation der Gruppenarbeit hilft den Schülern, ein Gefühl für ihre Stärken und Schwächen zu bekommen und sich realistische Ziele zu stecken.

◆ Das Gefühl des Erfolgs wird durch die Zusammenarbeit in der Gruppe noch verstärkt.

◆ Die Schüler lernen, wie man sich angemessen kritisiert und lobt.

Nicht zuletzt durch die Stärkung des Selbstwertgefühls des einzelnen Schülers trägt das Kooperative Lernen zu einem positiven Klassen- und Schulklima bei, das Lernen zu einer positiven Erfahrung macht.

Lebenslanges Lernen, allein und gemeinsam mit anderen, wird für alle Schüler, lernstark oder lernschwach, erstrebenswert.

# Kooperatives Lernen und individuelle Förderung **3.**

Durch die große Heterogenität in unseren Klassen ist die möglichst individuelle Förderung jedes einzelnen Schülers eine grundlegende Aufgabe der Grundschule geworden. Der Lehrer muss kontinuierlich den Lernstand jedes Kindes beobachten und daran mit seinem Lernangebot anknüpfen. Dies erfordert vom Lehrer einen großen Aufwand an täglicher Organisation und eine deutlich umfangreichere Lerndiagnostik.

Auch hier kann das kooperative Lernkonzept praktikable Hilfen für den Lehrer bereitstellen.

Der Einsatz von Formen der Zusammenarbeit zwischen den Schülern gibt dem Lehrer, da er in diesen Phasen inhaltlich und methodisch nicht so eng wie im Frontalunterricht gebunden ist, den notwendigen Freiraum, einzelne Schüler gezielt zu beobachten und ihr Lernverhalten sowohl inhaltlich als auch methodisch zu ermitteln. Da die einzelnen Teams weitgehend selbstständig arbeiten, kann der Lehrer sich deutlich stärker auf diagnostische Aufgaben konzentrieren, als dies in eher lehrergesteuerten Organisationsformen möglich ist.

In kooperativen Arbeitsformen kann zudem der einzelne Schüler seine individuellen Lernprobleme mit Hilfe der Teampartner unmittelbarer einbringen und bearbeiten, da er sich dort sicher und respektiert fühlt. Viele Methoden des Kooperativen Lernens basieren darauf, dass alle Mitglieder des Arbeitsteams das gleiche Arbeitsergebnis erreichen müssen. Somit lernen die Schüler, Verantwortung auch für Schüler mit Lernproblemen zu übernehmen und dafür Sorge zu tragen, dass auch diese das Teamergebnis erreichen. Die Teams werden schnell die Erfahrung machen, dass es nicht sinnvoll ist, „schwächere" Schüler links liegen zu lassen oder zu übergehen. Denn der Erfolg ihrer Arbeit wird immer daran gemessen, inwieweit alle Mitglieder des Teams die gestellten Aufgaben lösen (Johnson 1989).

Auch die klare Rollenverteilung während der Teamarbeit leistet einen Beitrag, so dass individuelle Stärken genutzt und individuelle Lerndefizite ausgeglichen werden können. Da jeder Einzelne des Teams die ihm zugewiesene Rolle während der Aufgabenbewältigung wahrnehmen muss, kann er bei auftretenden individuellen Problemen auf die Mithilfe der Teampartner bauen und dadurch auch individuelle Lernfortschritte erreichen. Beim Kooperativen Lernen sind die Teampartner immer gleichzeitig auch Lernpartner. Schüler stehen in der kooperativen Teamarbeit nicht mehr allein vor ihren Lernproblemen oder besitzen nur den Lehrer als Ansprechpartner. Sie können in funktionierenden Teams ohne Versagensängste ihre Lernprobleme zeigen und mit Hilfe der Teammitglieder Lösungen angehen.

#  4. Kooperatives Lernen als Chance zur sozialen und sprachlichen Integration von Kindern mit Migrationshintergrund

Die bisher durchgeführten PISA-Studien haben für Deutschland ein wichtiges Teilergebnis erbracht:

Schüler mit Migrationshintergrund haben auf Grund ihrer Sprachprobleme in der Verkehrssprache Deutsch in unseren Schulen geringere Chancen, einen ihrem Begabungsprofil angemessenen Bildungsabschluss zu erlangen (Baumert 2000). Die altersgemäße Beherrschung der Verkehrssprache Deutsch als Lernsprache ist eine unabdingbare Voraussetzung für erfolgreiches Lernen.

Die Grundschule nimmt bei der Lösung dieses Problems zwangsläufig eine Schlüsselrolle ein. Denn hier beginnen diese Schüler mit dem schulischen Lernen, hier haben sie vier Jahre Zeit, Deutsch als Zweitsprache so zu erlernen, dass sie in Zukunft gleichwertige Schulleistungen erreichen können. Zudem besitzen Kinder im Alter zwischen fünf und zehn Jahren eine besonders ausgeprägte Disposition zum Erlernen einer Fremdsprache (Spitzer 2003, S. 399 ff.).

Seit Jahren versucht man in der Grundschule mit großem Einsatz und Engagement, die sprachlich bedingten Leistungsunterschiede zu kompensieren. Die Lehrer unternehmen große Anstrengungen, ihre diagnostischen Fähigkeiten zu optimieren. Sie setzen vermehrt Sprachstandserhebungsverfahren ein, um ihre Schüler gezielt und individuell beim Erlernen der deutschen Sprache zu fördern (Reich 2005). In der Regel werden – neben Maßnahmen der inneren Differenzierung im laufenden Unterricht – diese Schüler auch in speziellen Förderstunden im Sinne der äußeren Differenzierung mit dem Schwerpunkt Deutsch als Zweitsprache unterrichtet.

Die Effektivität dieser kompensatorischen Förderung von Kindern mit Migrationshintergrund ist zwar noch weitgehend ungeprüft, der bereits messbare Erfolg ist trotz des Einsatzes erheblicher finanzieller und personeller Ressourcen letztlich nicht zufrieden stellend.

Der Einsatz von Methoden des Kooperativen Lernens kann zur Lösung des Problems einen wichtigen Beitrag liefern.

## Integratives Sprachlernen

Durch die Organisation des Lernens in vielfältigen Arbeitsteams, und die damit verbundene stärkere kommunikative Aktivierung der Schüler erhöht sich die Anzahl von Sprechkontakten gerade für Schüler mit Migrationshintergrund beträchtlich. In kooperativ organisierten Unterrichtsprozessen hat jeder Schüler in funktionierenden Teams deutlich mehr das Lernen betreffende Kommunikationsgelegenheiten als in eher lehrergesteuerten Unterrichtsphasen. Die Förderung des Sprachlernens der Schüler mit Migrationshintergrund geschieht beim Kooperativen Lernen daher schwerpunktmäßig integrativ und ist somit fester Bestandteil des laufenden Unterrichts in allen Fächern. Durch die enorme Erhöhung der Sprechgelegenheiten in den Teams wird ein beschleunigtes Sprachlernen der ausländischen Schüler stärker gefördert als in eher frontal organisierten Lernprozessen. Dieser Effekt kann noch stärker genutzt werden, wenn auch die in der Klasse eingesetzten Fachlehrer ihren Unterricht kooperativ organisieren. Auf diese Weise kann ein Beitrag geleistet werden, Schüler mit Migrationshintergrund sprachlich durchgängig zu fördern.

## Lernen am Modell

Kinder mit Migrationshintergrund haben zudem beim Kooperativen Lernen im Rahmen der Teamarbeit als sprachliche Modelle gleichaltrige, Deutsch sprechende Schüler. Nicht die Sprache des Lehrers oder Unterrichtsmaterialien, sondern die gemeinsame Kommunikation im Team dient den ausländischen Schülern primär als Folie, als Modell. Im Team besitzen sie weniger Hemmungen, sich sprachlich in der Zweitsprache zu äußern. Hier können sie, unterstützt durch die deutschen Mitschüler (native speakers), bereits erworbene Sprachkenntnisse intensiver anwenden und neue Sprachmuster kennen lernen und ausprobieren. Ausländische Schüler erfahren die deutsche Sprache im Rahmen der Teamarbeit in ihrer pragmatischen Funktion, als reales Mittel der Verständigung und des eigenen Handelns. Sie finden in den Lerngesprächen der Arbeitsteams Anerkennung, unmittelbare Bestätigungen und zahlreiche sprachliche Anregungen, die ihre Aufmerksamkeit auf die Verkehrssprache Deutsch lenken, was sich langfristig auch auf ihre Motivation zum Erlernen der neuen Sprache günstig auswirkt (Ehlich 2003, S.18 ff.).

## Sprache als Mittel zum Lernen

Die Methoden des kooperativen Lernens fördern das sprachliche Lernen der Schüler mit Migrationshintergrund auf integrative Weise und bieten als implizite Sprachförderung wesentlich mehr Sprech- und Kommunikationsgelegenheiten als dies in lehrergesteuerten Unterrichtsprozessen je der Fall sein kann.

Zudem erlebt der ausländische Schüler in den Arbeitsteams die deutsche Sprache stets in ihrer Funktion für das Lernen in der Schule. Der Zusammenhang zwischen der Notwendigkeit, erfolgreich in der deutschen Sprache zu kommunizieren und dadurch auch erfolgreich zu lernen, ist den ausländischen Schülern in den Lernteams von Anfang an präsent. Im Rahmen dieser integrativen und durchgängigen Sprachförderung erleben die Schüler die deutsche Sprache nicht nur als Unterrichtsgegenstand oder Handlungsebene, sondern auch als Mittel zum Lernen. Sprachlernen für Schüler mit Migrationshintergrund vollzieht sich in diesem Verständnis in Lerngesprächen über Lerninhalte und Lernmethoden. So entwickelt sich für die Schüler bereits frühzeitig die Möglichkeit, auch metasprachliche Begriffsbildungen zum Thema Unterricht und Lernen zu erwerben, um auch die wichtigen Phasen der Unterrichtsreflexion über Inhalte und Methoden des eigenen Lernens sprachlich angemessen bewältigen und geistig verarbeiten zu können.

## Soziale Integration

Auch die Bemühungen des Kooperativen Lernens um die Entwicklung und Förderung demokratisch orientierter sozialer Beziehungen zwischen den Schülern unterstützt den Integrationsprozess von Kindern mit Migrationshintergrund in der Grundschule nachhaltig. Sie können ihre individuellen kulturellen Erfahrungen in der Teamarbeit besser einbringen als in lehrerzentrierten Unterrichtsphasen und können gleichzeitig erfahren, dass sie damit die Teamarbeit bereichern.

Dadurch kann bei ihnen auch die Motivation wachsen, sich mit der deutschen Sprache auseinander zu setzen und darin Lernfortschritte zu erzielen.

## Die Vorteile Kooperativen Lernens für Kinder mit Migrationshintergrund bestehen darin,

◆ dass Deutsch als Zweitsprache als integrative und durchgängige Sprachförderung im Rahmen des normalen Unterrichts geschehen kann,

◆ dass die Anzahl von Sprechkontakten in den Lernteams für die ausländischen Schüler viel zahlreicher sind,

◆ dass sie deutsche Schüler als Modell nutzen können,

◆ dass sie die deutsche Sprache unmittelbar in ihrer Funktion für erfolgreiches Lernen erleben,

◆ dass sie ihre vorhandenen sprachlichen Mittel in Arbeitsgesprächen sofort anwenden und neu Hinzugelernte ausprobieren können,

◆ dass ihr Interesse und ihre Aufmerksamkeit für die deutsche Sprache durch Lernerfolge des Teams gestärkt werden,

◆ dass sie sich durch das Bemühen um die Entwicklung einer demokratischen Gesprächskultur in den Teams respektiert fühlen und sich stärker sozial integrieren können.

# Kooperatives Lernen in jahrgangsgemischten Klassen

**5.**

Viele Grundschulen in Deutschland unterrichten mittlerweile ihre Schüler in jahrgangsgemischten Klassen. Die Vorteile für die soziale Erziehung der Schüler werden in zahlreichen Erfahrungsberichten positiv gesehen. Schwerer tut man sich jedoch bei der Beantwortung der Frage, ob Unterricht in jahrgangsgemischten Klassen auch zu einer besseren Lernleistung aller Schüler führt und wie dieser Unterricht didaktisch und methodisch organisiert sein sollte, um dies sicherzustellen.

Das derzeit bevorzugte Modell ist, dass die Schüler gemeinsam an einem Thema arbeiten und die gestellten Aufgaben wechselweise zielgleich und zieldifferent von den Schülern erarbeitet werden. Plant man diesen Unterrichtsprozess auf der Basis von Einzelarbeit, wird der Lehrer einen enorm hohen Aufwand an Lerndiagnostik und Organisation betreiben müssen, um eine angemessene Differenzierung erreichen zu können. Selbst in den Kernfächern ist dies durchgehend und langfristig kaum zu realisieren.

Um sicherzugehen, dass in jahrgangsgemischten Klassen jeder Schüler angemessen gefördert und gefordert wird, muss der Lehrer über flexibel einsetzbare methodische Instrumente verfügen, die die Selbstständigkeit der Schüler entwickeln und gleichzeitig die Synergieeffekte des gemeinsamen Lernens von Schülern unterschiedlichen Alters wirklich nutzen (Bauermann 2003, S. 80 ff.).

> Die Organisation des Lernprozesses im Kooperativen Lernen durch wechselnde Phasen der Einzel-, Partner- und Teamarbeit bietet dem Lehrer eine Grundstruktur für seine Unterrichtsplanung, die den Anforderungen in jahrgangsgemischten Klassen entsprechen kann.

| Zielorientierte Bildung von Lernteams | Rollenzuweisungen gemäß Lernvoraussetzungen |

## Zielorientierte Teambildung

Der Lehrer kann die Teambildung je nach Unterrichtssituation und Zielorientierung so gestalten, dass stets diejenigen Schüler gemeinsam arbeiten, die die gestellten Aufgaben und Ziele auch bewältigen können. Dabei können gleichzeitig Teams entstehen, die altersgemischt oder auch altersgleich zusammengesetzt sind. Der Lehrer stellt die Teams auf der Grundlage der Lernvoraussetzungen seiner Schüler zusammen. Damit kann die gesamte Klasse an einem gemeinsamen Thema arbeiten und dennoch zieldifferent, auf der Basis entsprechend zusammengestellter Teams, lernen. Durch diese Form der zielorientierten Teambildung kann der Lehrer besser an die Lernvoraussetzungen seiner Schüler anknüpfen und gleichzeitig vermeiden, dass ältere Schüler durch die Aufgabenstellungen unterfordert oder jüngere Schüler überfordert werden.

Zudem bleibt die notwendige thematische Integration des Unterrichts gewahrt, da es stets möglich ist, den unterschiedlichen Arbeitsteams Aufgaben zu stellen, die zwar ein gemeinsames Thema – aber auf unterschiedlichem Lernniveau – bearbeiten. Da beim Kooperativen Lernen die einzelnen Teams nur für eine begrenzte Zeit zusammen arbeiten, werden alle Schüler häufig die Gelegenheit erhalten, sowohl in altersgleichen als auch in altersgemischten Teams zu lernen.

## Lernvoraussetzungen und Rollenzuweisung

Auch eine gezielte Zuweisung von bestimmten Rollen und Aufgaben innerhalb des Teams bietet dem Lehrer die Möglichkeit, die individuellen Lernbedürfnisse angemessen zu fördern. Die Schüler erhalten jeweils Arbeitsfunktionen im Team, die sie aufgrund ihrer Lernvoraussetzungen erfüllen können oder in denen sie Lernfortschritte erzielen sollen. Der Lehrer dagegen gewinnt durch die kooperativ gestalteten Unterrichtsphasen, in denen die Schüler den Unterricht aktiv tragen, den notwendigen Freiraum, um die Lernentwicklung seiner Schüler gezielt und kontinuierlich zu beobachten.

Plant man auf diese Weise den Unterricht in altersgemischten Klassen, kann man die gewünschten Synergieeffekte der gemeinsamen Arbeit zwischen jüngeren und älteren Schülern sinnvoll nutzen und gleichzeitig dafür Sorge tragen, dass jedes Kind unabhängig von seinem Alter, aber auf der Grundlage seiner Lernvoraussetzungen angemessen gefördert wird.

# Drei Säulen des Kooperativen Lernens

Im Konzept des Kooperativen Lernens hat der Lehrer drei grundlegende Aufgabenstellungen zu erfüllen, die er in seinem Unterricht ständig beobachten, unterstützen und weiterentwickeln sollte:

**Lernumgebung**     **Prozessgestaltung**

**Unterrichtliche
Aktivitäten**

## ① Sichere Lernumgebung

Der Lehrer muss dafür Sorge tragen, dass sich die Schüler in ihrer Klasse sicher und akzeptiert fühlen. Die Schüler sollen die Erfahrung machen, wie man Hilfen beim Lernen von anderen nutzen kann und sie sollen gleichzeitig lernen, wie man anderen sinnvolle Hilfen geben kann. Die unterschiedlichen Lernleistungen sollen durch die gemeinsame Kooperation positiv genutzt werden und zu einer Atmosphäre des gegenseitigen Respekts führen.

## ② Prozessgestaltung

Der Lehrer ist für die Organisation der kooperativen Lernprozesse verantwortlich. Sie müssen von ihm gezielt eingesetzt werden, um soziales und teamgesteuertes Lernen geordnet zu unterstützen. Er strukturiert die Arbeitsabläufe so, dass die Teammitglieder die ihnen zugewiesenen Rollen gewissenhaft ausführen und jeder seinen Anteil zum Teamergebnis beitragen kann. Dabei hat er stets beide Perspektiven des Lernens, das inhaltliche wie das soziale Lernen, im Blick.

## ③ Unterrichtliche Aktivitäten

Der Lehrer plant den Einsatz sinnvoller unterrichtlicher Aktivitäten. Er wählt diejenigen kooperativen Methoden aus, durch die die geplanten Lernziele am besten erreichbar sind. Er stellt das benötigte Unterrichtsmaterial zur Verfügung und verfolgt den genauen Ablauf der Methoden in den Teams. Eine gute Organisation der Teamarbeit und eine möglichst getreue Einhaltung der eingeführten Arbeitsverfahren durch die Schüler bilden die Grundlage für erfolgreiches Arbeiten und Lernen in Teams.

# 7. Fünf Basiselemente des Kooperativen Lernens

Um sicher zu sein, dass Kooperatives Lernen geordnet verläuft und gleichzeitig auch jedem einzelnen Schüler effektives Lernen ermöglicht, müssen einige grundlegende Bedingungen während der Teamarbeit eingehalten werden. Im Idealfall sollte jede eingesetzte kooperative Lernmethode alle Bedingungen gleichzeitig erfüllen (Green 2005, S. 28 ff.).

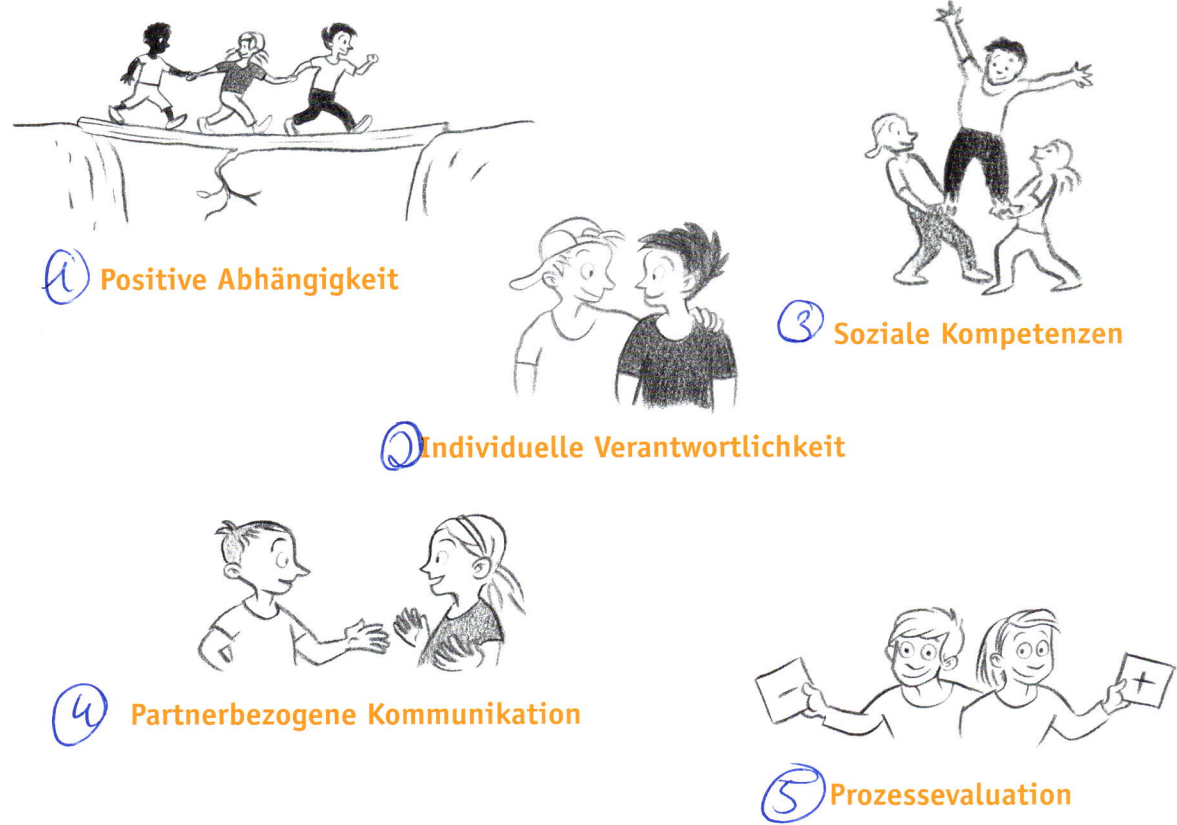

1 Positive Abhängigkeit

2 Individuelle Verantwortlichkeit

3 Soziale Kompetenzen

4 Partnerbezogene Kommunikation

5 Prozessevaluation

## 1 Positive Abhängigkeit

Positiv wirkende Abhängigkeit ist erreicht, wenn sich alle Mitglieder eines Teams in der Absicht, das gesteckte Ziel zu erreichen, miteinander verbunden fühlen und sich mit ihrem Team identifizieren können. Das Team ist letztlich nur erfolgreich, wenn alle Mitglieder die gestellte Aufgabe erfüllen. Dies erfordert gerade von Lernanfängern ein hohes Maß an Integrationsbereitschaft und Disziplin (Johnson 1992).

Folgende Faktoren können das Teambewusstsein und die Lerneffektivität der Teams stärken:

## 1. Zielabhängigkeit

Den Schülern ist bewusst, dass alle Teammitglieder ein gestelltes Arbeitsziel erreichen müssen. Nur dann ist auch ein zufrieden stellendes Teamergebnis zu erzielen. Alle Mitglieder des Arbeitsteams fühlen sich verantwortlich, mit ihrem Beitrag zum Gesamtergebnis des Teams beizutragen. Der Erfolg des ganzen Teams hängt davon ab, ob alle Mitglieder die gestellten Zielsetzungen erreichen.

Zum Beispiel kann einem Team die Aufgabe gestellt werden, zehn Verben der Gegenwartsform in die Vergangenheitsform zu setzen. Das Team hat die Aufgabe dann erfüllt, wenn alle Mitglieder diese Aufgabe bewältigt haben und jeder einzelne für diese zehn Verben die Vergangenheitsform richtig bestimmen kann.

## 2. Belohnungsabhängigkeit

Jedes Teammitglied erhält am Ende der erfolgreichen Arbeit die gleiche Form der Belohnung. Das Team erarbeitet sich für das gemeinsame Ergebnis eine Form der Belohnung. Diese Belohnung erreichen alle oder keiner. Nur die Qualität des Teamergebnisses entscheidet über das Ausmaß der Belohnung.

Der Lehrer kann z. B. Bonuspunkte, Sternchen, Hausaufgabenfrei, freie Lesezeit, bestimmtes Spielmaterial für die Pause oder für umfangreichere Arbeiten kleine Sachpreise als Belohnungsformen einsetzen.

## 3. Abhängigkeit von äußeren Einflüssen

Die einzelnen Arbeitsteams befinden sich in einem Wettstreit miteinander. Um zu verhindern, dass die Konkurrenz zwischen den Teams sich sozial destruktiv entwickelt, kann man reale oder auch fiktive Vergleichswerte von außerhalb heranziehen. („Schüler eines dritten Schuljahrs lösen diese zwanzig Aufgaben in der vorgegebenen Zeit mit durchschnittlich vier Fehlern und erreichen dabei 16 Punkte."). Für die Grundschule ist insbesondere die kooperative Methode des Group-Contest ein sinnvoller Weg, durch den Einsatz äußerer Einflüsse die Arbeitsleistung der Teams zu optimieren.

## 4. Reihenfolgeabhängigkeit

Die Gesamtaufgabe eines Teams wird in einzelnen Arbeitsschritten gelöst. Jedes Teammitglied übernimmt einen Arbeitsschritt und bereitet damit die Grundlage, auf der die anderen Teammitglieder ihrerseits ihre Arbeitsschritte durchführen können. Die Arbeitsschritte der Teammitglieder sind demnach so organisiert, dass nur das Einhalten einer bestimmten Reihenfolge zum erwünschten Teamergebnis führt.

Zum Beispiel liest oder erklärt ein Schüler einen Versuchsaufbau, der zweite besorgt die dazu benötigten Materialien und baut den Versuch auf, der dritte führt den Versuch durch und stellt das Ergebnis fest, der vierte Schüler dokumentiert das Ergebnis und präsentiert es vor dem Plenum. Damit wird gewährleistet, dass jedes Teammitglied seinen Anteil am Ergebnis leisten kann. Nicht alle Aufgaben für die Teamarbeit eignen sich, diese Reihenfolgeabhängigkeit zu organisieren. Jedoch sollte man Lernsituationen, die auf diese Weise bearbeitet werden können, entsprechend nutzen.

## 5. Abhängigkeit von der Umgebung

Die Teammitglieder besitzen für ihre Arbeit einen klar begrenzten Arbeitsplatz. Dort befindet sich ihr Arbeitsmaterial und die Arbeitsumgebung ist so gestaltet, dass sie ohne physische Einschränkungen ihre gemeinsame Arbeit bewältigen können. Ein Arbeitsplatz, an dem alle ungestört miteinander kommunizieren können und alle einen sachgerechten Blick und Zugang zu den Arbeitsmaterialien haben, unterstützt die Zusammenarbeit und letztlich auch das Lernergebnis des Teams.

## 6. Rollenabhängigkeit

Den einzelnen Schülern im Team werden für die Dauer der Teamarbeit unterschiedliche Rollen zugewiesen, die sie während der Arbeit selbstverantwortlich ausfüllen sollen. Dabei gibt es eine Anzahl von Rollen, die sich stärker auf den Arbeitsprozess an sich beziehen, während andere Rollen eher das soziale Miteinander, die Kooperation und die Lernmotivation des Teams stärken sollen. Neben der Aufgabe, die inhaltliche Arbeit des Teams voranzubringen, hat jedes Teammitglied stets noch eine zusätzliche Aufgabe, um die Teamarbeit zu optimieren.

Rollen für die Unterstützung des Arbeitsprozesses:

**Leser – Schreiber – Materialmanager – Zeitmanager – Vortragender – Fragesteller – Überprüfer usw.**

Rollen für die Unterstützung des Kooperationsprozesses:

**Lobender – Ermutiger – Streitschlichter – Lautstärkenregler – Energiegeber – Gute-Laune-Manager usw.**

## 7. Identitätsabhängigkeit

Es kann den Arbeits- und Lernprozess eines Teams stärken, wenn sich das Team eine eigene, unverwechselbare Identität aufbaut und diese nach außen hin sichtbar macht. Teams können sich einen Namen geben, einen Slogan ausdenken, sich ein besonderes Ritual zur Begrüßung ausdenken oder auch ein Teamlogo entwerfen. Dadurch gewinnt das Team ein Bild und der einzelne Schüler dokumentiert seine Zugehörigkeit zu einem bestimmten Team. Solche identitätsbildenden Maßnahmen lassen sich auch in Verbindung zum Arbeitsthema des Teams herstellen.

Bei der Bearbeitung des Themas „bedrohte Tierarten" kann es z. B. ein Team mit dem Namen Wale geben, mit einem entsprechenden Logo, Slogan oder sogar mit einem Lied in der Sprache der Wale.

## 8. Materialabhängigkeit

Jedes Teammitglied besitzt nur einen bestimmten Teil des notwendigen Lernmaterials, mit dem es arbeiten muss und einen unverzichtbaren Beitrag zum Gesamtergebnis leistet. Erst das Zusammenspiel des gegebenen Lernmaterials erbringt das Teamergebnis.

Der Lehrer kann das Arbeitsmaterial, das für die Teamarbeit notwendig ist, klar begrenzen. Für jedes Team gibt es nur ein bestimmtes Schreibmaterial, Buch, Text, Arbeitsblatt, Landkarte, Versuchsmaterial usw. Das Team muss also mit dem zur Verfügung gestellten Material auskommen.

Wenn ein Team z. B. die Aufgabe hat, sich mit Hilfe eines Textes über ein bestimmtes Thema zu informieren, kann der Lehrer jedem einzelnen Teammitglied einen Textabschnitt geben, den jeder Schüler selbständig erarbeitet, um dann die anderen jeweils über den Inhalt zu informieren. Auf diese Weise tragen alle zur Bearbeitung des Textes ihren Anteil bei und erschließen sich dann gemeinsam und sukzessiv den gesamten Textinhalt.

Dieses Verfahren kann man sowohl beim informierenden Lesen von Sachtexten als auch beim Erlesen von literarischen Texten sinnvoll einsetzen.

## 9. Simulationsabhängigkeit

Die Verbundenheit mit dem Team kann man auch dadurch stärken, dass man den Teams eine fiktive Rolle zuweist.

**„Ihr seid eine Gruppe von Polarforschern und müsst für euer Überleben eine Windrose bauen, um feststellen zu können, aus welcher Richtung der Wind weht. Denn wenn er von Osten weht, dürft ihr eure Hütte nicht verlassen, weil ihr dann erfriert."**

**„Ihr seid ein Team von Tierschützern ‚Für den Schutz der Fischotter' und müsst einen Vortrag vor den Mitgliedern eines Angelvereins halten. Informiert euch mit Hilfe des Textes, sammelt überzeugende Gründe für den Schutz des Fischotters und haltet den Vortrag."**

Die beiden Beispiele zeigen, dass diese Form der Simulation die Lernmotivation im Team stark ansprechen kann, weil die natürliche Spielfreude der Schüler genutzt wird, um niveauvolle und komplexe Lernergebnisse zu erzielen.

Eine ähnliche Form der Einbettung des Lernens kennen wir in der Grundschuldidaktik bereits durch das Verfahren des „Vorhabens", wo die Schüler in einer ähnlichen Art und Weise innerhalb einer fiktiven Rahmenhandlung agieren und lernen.

# Das Herz des Kooperativen Lernens:

Belohnung

Äußerer Einfluss

Teamidentität

Reihenfolge

Positive Abhängigkeit

Material

Rollen

Gemeinsames Ziel

Umgebung

Simulation

## Individuelle Verantwortlichkeit

Jedes Teammitglied übernimmt Verantwortung für das Erreichen des Teamergebnisses. Erfolgreich kann ein Team nur sein, wenn jedes Mitglied nach bestem Können und Gewissen sich für die gemeinsame Arbeit einsetzt. Diese grundlegende Erfahrung, dass man zugleich für das eigene Lernen und für das Arbeitsergebnis des Teams verantwortlich ist, ist für Grundschüler ein wichtiger Schritt auf dem Weg zur Selbstständigkeit.

 ## Soziale Kompetenzen

„Das Konzept des Kooperativen Lernens geht von einem Mindestmaß an Sozialkompetenz aus und entwickelt sie zu einem Höchstmaß weiter" (Green, Green 2005).

Das Erlernen und Anwenden von bestimmten sozialen Fähigkeiten und Interaktionsformen optimiert die Teamarbeit. Die Herausbildung von Fähigkeiten wie anderen zuhören können, sich gegenseitig ermutigen, einander loben, Gespräche leiten, sachlich kritisieren, Hilfe anbieten usw. erleichtern den Kommunikationsprozess im Team und sind letztlich eine unverzichtbare Grundlage für ein gutes Teamergebnis.

 ## Partnerbezogene Kommunikation

Das Team richtet seinen Arbeitsplatz so ein, dass alle miteinander leicht in Blickkontakt (face-to-face-interaction) kommen können und keine größeren räumlichen Distanzen überwinden müssen. Gerade für Grundschüler ist es wichtig, dass sie möglichst nah beieinander sitzen und alle gleichzeitig einen Blick auf das benötigte Arbeitsmaterial besitzen.

Wenn man für einen kommunikationsfreundlichen Arbeitsplatz für das Team sorgt, fällt es den Schülern übrigens auch leichter, die Lautstärke ihres Teamgesprächs zu regulieren.

## Prozessevaluation

Die Beobachtung und Bewertung der eigenen Teamarbeit sollte so oft wie möglich mit den Arbeitsteams thematisiert werden. Die reflektierte Auswertung der eigenen Lern- und Kooperationsprozesse soll helfen, die Fähigkeiten zur Zusammenarbeit weiterzuentwickeln.

Durch zahlreiche zeitlich begrenzte Feedback-Situationen lernen die Schüler, Methoden und Lernstrategien einzuschätzen und zu optimieren. Sie erwerben sich so allmählich ein Methodenbewusstsein, das eine entscheidende Grundlage für bessere Lernleistungen ist.

# 8.

# Soziales Lernen – Unterrichtssequenzen zu konkreten Sozialzielen

„Genauso wie man Algorithmen oder Grammatikregeln lernt, muss man Teamfähigkeit lernen. Das erfordert Regeln und Routinen" (Klippert in einem Zeit-Interview).

## Wie wird soziales Lernen vermittelt?

Das soziale Lernen besitzt im Konzept des Kooperativen Lernens eine zentrale Rolle. Bislang wurden bestimmte soziale Fähigkeiten als die Bedingung für Gruppenarbeit zwar aufgeführt, wie der Lehrer aber diese sozialen Fähigkeiten mit seinen Schülern trainieren sollte, blieb unklar. So scheuen sich viele Lehrer vor Gruppenarbeiten, da es ihren Schülern an grundlegenden sozialen Fähigkeiten mangelt. Zudem fehlt gerade Lehrern mit schwierigen Schülern oder sehr leistungsheterogenen Gruppen häufig die Zeit, um soziales Lernen zu vermitteln, gelingt es ihnen doch gerade eben so, die fachlichen Ziele zu erreichen.

Gruppenarbeit im herkömmlichen Sinn steht auch stets im Verdacht, Lernprozesse nicht effektiv genug zu organisieren. Die Last der Arbeit in der Gruppe war selten gleichmäßig zwischen den Gruppenmitgliedern verteilt, die Lernergebnisse des einzelnen Schülers sind nur dann zufrieden stellend, wenn er Engagement in der Gruppe zeigte. Somit ist diese Art von Gruppenarbeit durchaus nicht ein Garant für das Lernen auf einem höheren Leistungsniveau.

Das Kooperative Lernen geht dagegen davon aus, dass **alle** Schüler **schneller** und **qualitätsvoller** lernen, wenn sie in Gruppen zusammenarbeiten. Die sozialen und kommunikativen Rahmenbedingungen hierfür zu schaffen, ist also keine Zeitverschwendung, sondern letztlich eine Zeitersparnis.

Die Vermittlung der benötigten Sozialkompetenzen für effektives Arbeiten und Lernen im Team sind beim Kooperativen Lernen in den fachlichen Lernprozess eingegliedert. Sie werden an bestimmte Lerninhalte und Methoden gekoppelt, so dass sie auch im Bewusstsein der Schüler stets als Bedingung für ihr eigenes Lernen in einem Zusammenhang stehen.

Die Schüler sollen die Erfahrung machen können, dass das Berücksichtigen bestimmter Verhaltensweisen die Arbeit im Team erleichtert, zu besseren Ergebnissen führt und allen mehr Freude am Lernen bereitet.

**Folgende grundlegende Kompetenzen können die Teamarbeit positiv fördern:**

- ◆ jemandem Hilfe anbieten
- ◆ jemanden loben
- ◆ Gefühle äußern
- ◆ ruhig miteinander reden
- ◆ anderen aufmerksam zuhören

- ◆ sich gegenseitig mit Namen ansprechen
- ◆ sich verantwortlich fühlen
- ◆ das Arbeitsmaterial miteinander teilen

- ◆ um Hilfe bitten
- ◆ freundlich zueinander sein
- ◆ auf Gefühle Rücksicht nehmen
- ◆ andere ausreden lassen
- ◆ beim Reden und Zuhören andere anschauen

- ◆ sich gegenseitig ermutigen

- ◆ andere Meinungen gelten lassen
- ◆ verschiedene Meinungen zu einem Konsens bringen

z. B. „Diese Aufgabe kann nicht gelöst werden, wenn sich die Mitglieder der Gruppe nicht anschauen."

„Unglücklicherweise wissen Menschen nicht instinktiv, wie man erfolgreich mit anderen arbeitet. Einfach Schüler zusammen in eine Gruppe zu stecken und ihnen zu sagen, sie sollen zusammenarbeiten, schafft nicht automatisch Zusammenarbeit. Es ist nicht wahrscheinlich, dass dies die erwartete höhere Leistung erzeugt oder andere positive soziale Effekte" (Green, Green 2005, S. 88)

Eine weitere Besonderheit des Kooperativen Lernens liegt im expliziten Training von Sozialkompetenzen. Bei diesem Konzept werden einzelne soziale Kompetenzen nicht vorausgesetzt, sondern aus dem Zusammenhang heraus aufgegriffen und auseinander genommen. Die Schüler bekommen nicht die Anweisung: „Bei dieser Aufgabe sollst du deinem Partner gut zuhören", da davon ausgegangen wird, dass heute viele Schüler nicht mehr wissen, wie man genau zuhört.

Diese Erkenntnis zeigt sich auch in aktuellen Artikeln der Wirtschaftswelt und der Forschung (Johnson, Johnson 1989). Bei der Einstellung und Beförderung von Arbeitskräften wird immer öfter nicht fehlendes Know-how, sondern fehlende Soft-Skills bemängelt. Dabei handelt es sich um grundlegende soziale Fähigkeiten, ohne die das Zusammenarbeiten in einem Team oder auch die Führung von Mitarbeitern nicht möglich ist. Große Unternehmen investieren sehr viel in die Schulung ihrer Mitarbeiter in diesem Bereich. Wenn man diese Schulungen näher betrachtet, findet man diverse soziale Lernziele der Grundschule wieder. Es wird intensiv trainiert, sich freundlich zu begrüßen, dem anderen beim Gespräch in die Augen zu schauen und den Partner im Gespräch durch nonverbale Signale zu unterstützen und zu loben.

Schülern und jungen Menschen fehlt heute nicht die Motivation zu „gutem Benehmen", sondern schlicht und einfach die Fertigkeiten und das Wissen um die Art des guten Miteinanders.

Wie einzelne Kompetenzen im Rahmen des Kooperativen Lernens aufgegriffen und trainiert werden, zeigt das folgende Beispiel:

### Dem anderen zuhören

Anhand einer Gruppenaufgabe, die das Zuhören besonders nötig macht, wird das richtige Zuhören aufgegriffen und in einer Einheit gesondert trainiert. Den Kindern wird zunächst verdeutlicht, dass gutes Zuhören nicht selbstverständlich ist, dass es geübt werden muss und dass solche Fähigkeiten durchaus auch bewertet werden.

Mit Hilfe der Methode „Team Pin Board" kann eine soziale Fertigkeit analysiert werden. Bei dieser Methode greifen die Kinder ihre eigenen Reaktionen aus vorangegangenen Gruppenarbeiten auf, um die Fertigkeit genau zu definieren.

Dafür wird unter der Überschrift „Ich sehe" notiert, wie der Partner bei Ausübung der Fertigkeit aussieht:

◆ Deine Schultern zeigen zu mir.
◆ Du schaust mich an.
◆ Du lächelst mir zu.
◆ Du nickst.

Unter der Überschrift „Ich höre" werden mögliche Kommentare des Partners beim Zuhören gesammelt:

◆ Mhm.
◆ Aha.
◆ Gut!
◆ Interessant.
◆ Das habe ich nicht verstanden.

Für das Beispiel „Andere ermuntern und loben" siehe untenstehende Grafik

| Klasse 4b | Ziel | heute |
|---|---|---|

**Andere ermuntern und loben**

**Ich sehe**
◆ Du schaust mich an.
◆ Du wendest dich mir zu.
◆ Du lächelst freundlich.
◆ Du nickst mir zu.
◆ Du klopfst mir auf die Schulter.

**Ich höre**
◆ Spitze! Klasse! Super!
◆ Gute Idee!
◆ Mach das mal vor, das ist toll!
◆ Erklär das noch mal, das ist wichtig!
◆ Du kannst das toll, zeig das noch mal!
◆ Wir schaffen es!

Erfahrungen mit diesem Beispiel aus der Unterrichtspraxis zeigen, dass diese Form der expliziten Beschreibung und Modelierung von positivem Verhalten den Schülern hilft, soziale Fertigkeiten aufzubauen und zu verinnerlichen:

*„Gemeinsam mit den Kindern wurden erstrebenswerte Verhaltensweisen im Hinblick auf das Ziel benannt, erklärt, transparent gemacht und schließlich festgehalten. Damit lieferte das ,Team-Pin-Board' ein positives und beispielhaftes Verhaltensmodell und diente den Kindern so als Unterstützung für ihr eigenes Verhalten.*

*Anfangs hatten einige Kinder Probleme, die sprachlichen Formulierungen zu übernehmen; durch ein Kartensystem erhielten sie Rückmeldung über die Umsetzung des Ziels. Die Kinder, bei denen das erstrebenswerte Verhalten in Bezug auf das Sozialziel zu sehen war, erhielten eine grüne Karte. Eine gelbe Karte wurde als Hinweis an jene Kinder verteilt, die sich konträr zu den vereinbarten Sozialzielen verhielten.*

*Beispielsweise beobachtete ich zwei Kinder während der Arbeit, als Da. wütend auf einen Ratschlag ihres Partners reagierte und ihn verbal attackierte. Daraufhin führte der Junge seine Partnerin zu dem „Team-Pin-Board" (bei den Kindern fand sich im gemeinsamen Gespräch der Begriff ,Team-Tafel') und verwies auf die konkreten Beispiele möglicher Reaktionen bei freundlich geäußerter Kritik. Sozialziel war zu diesem Zeitpunkt ,Kritik freundlich äußern'. Gemeinsam analysierten die Kinder ihr Verhalten und kamen zu dem Schluss, dass es sich um ein Missverständnis gehandelt habe, da der Junge seine Kritik auch etwas unklar formuliert hatte. Mit Hilfe der konkreten Beispiele war es den Kindern gelungen, eine Lösung für ihren Konflikt zu finden.*

*Außerdem erhielten sie Anregungen, wie sie demnächst in einer ähnlichen Situation reagieren können.*

*In gemeinsamen Gesprächen wurde auch deutlich, dass die Kinder die ,Team-Tafel' als Hilfe verstanden und durchaus positiv bewerteten"* (Schötteldreier 2004, S. 26).

# 9. Kooperatives Lernen in Arbeitsplänen und im Schulprogramm

Norm und Kathy Green weisen darauf hin, dass Kooperatives Lernen und erfolgreiches Training sozialer Kompetenzen zwar von jedem Lehrer individuell in seiner Lerngruppe trainiert werden muss, „weitaus effektiver wäre es allerdings, wenn die gesamte Schule darüber Konsens hätte" (Green, Green 2005, S. 89).

Dies würde eine gemeinsame Planung (kooperativ!) von Unterrichtssequenzen mit kooperativen Elementen ermöglichen. Kollegen können sich gegenseitig mit Material und – was viel wichtiger ist – mit wertvollen Erfahrungen, was Methode und Inhalt betrifft, unterstützen. Der Austausch und die Reflexion über Erfolge oder Probleme mit Methoden innerhalb eines vertrauten Kollegiums, in dem die Lehrer über konkrete Unterrichtssituationen mit bekannten Schülern sprechen, bringt die Unterrichtskompetenz der Lehrer weiter als manche Fortbildung.

Nur durch eine solche Arbeitsteilung ist eine Qualitätsentwicklung im Sinne von höheren Leistungsstufen, wachsender Sozialkompetenz und vor allem größerer Lernfreude denkbar.

In den Arbeitsplänen für die einzelnen Schuljahre sollten nicht nur Inhalte und Möglichkeiten zur Leistungsüberprüfung, sondern auch geeignete Methoden zur Vermittlung dieser Inhalte festgehalten werden. Wichtig ist, diese Pläne als Anregung zu verstehen, den eigenen Unterricht abwechslungsreich zu gestalten. Die Individualität der Schüler, des Lehrers und die besondere Situation in der Klasse sollten nach wie vor im Vordergrund der Unterrichtsplanung stehen und nicht die strikte Abarbeitung eines Arbeitsplans. Letztlich entscheidet jeder Lehrer darüber, welche Methode zur Unterrichtssituation und momentanen Stimmung in seiner Klasse passt.

Es ist durchaus zu bedauern, dass Lehrern momentan für diese Form der Kooperation nicht zufrieden stellende Ressourcen zur Planung und Reflexion von Unterricht bereitgestellt werden, damit wieder das in den Vordergrund der Arbeit der Lehrer rücken kann, was wichtig ist: **guter Unterricht**.

# Toolbox für die Grundschule

# 10.

Für dieses Buch haben wir die Auswahl an Methoden bewusst begrenzt. Es gibt im Rahmen des Kooperativen Lernens und anderer ähnlicher Konzepte eine große Menge an Methoden, die Lehrern eigentlich ein scheinbar unendliches Repertoire zur Verfügung stellen.

Trotzdem zeigt die Erfahrung, dass selbst nach zeit- und kostenaufwändigen Fortbildungsveranstaltungen wenig von dem vorgestellten Repertoire tatsächlich den Weg in die tägliche Unterrichtspraxis der Kollegen findet.

Woran liegt das?

Im heutigen Schulalltag mit regelmäßigen Konferenzen, umfangreichen Diagnose-aufgaben, Dokumentationspflichten und sonstigen Veranstaltungen am Nachmittag fehlt Lehrern oft die Zeit für ihre eigentlich wichtigste Aufgabe: die Unterrichts-vorbereitung. Zudem fällt es oft schwer, die oft komplizierten Methoden auf die eigene Klassensituation und Lerninhalte zu übertragen.

Viele der aktuellen Methodenkonzepte waren ursprünglich für die Sekundarstufe gedacht. Das merkt man den Methoden in der Praxis an: sie fordern oft ein hohes Maß an Lese-, Schreib- und Organisationskompetenz von den Schülern. Dies traf auch auf das Kooperative Lernen zu. Einige kooperative Methoden eignen sich aber für die Grundschule. Sie verwirklichen aktuelle Ziele der Grundschulpädagogik, schaffen ein positives Lernklima und ermöglichen, richtig angewendet, das Erreichen höherer Kompetenzstufen in allen Lernbereichen.

Nach folgenden Kriterien haben wir Methoden speziell für die Grundschule ausgewählt:

◆ Möglichkeit der Verknüpfung mit im Lehrplan geforderten Kompetenzen

◆ Flexible Einsetzbarkeit (in allen Fächern und Klassenstufen)

◆ Niedrige Voraussetzungen in Schreib- und Lesefähigkeit

◆ Ermöglichung größtmöglicher Schüleraktivität

◆ Wenig Vorbereitungszeit

◆ Geringer Materialaufwand

◆ Einsetzbar als Ergänzung im Unterrichtsalltag

◆ Soziale Kompetenzen sollen zunächst in geringem Maße vorausgesetzt, dann mit Hilfe der Methoden immer weiter gefördert werden

◆ Möglichkeiten der Visualisierung

Wir glauben, dass die von uns immer im Rahmen praktischer Beispiele illustrierten Methoden so einfach und flexibel sind, dass sie jeder Lehrer ohne große Vorbereitung, Organisation oder Materialaufwand auf jedes mögliche Thema seines Unterrichts übertragen kann.

## Übersicht über alle Methoden und Einsatzmöglichkeiten:

### Verabredungskalender
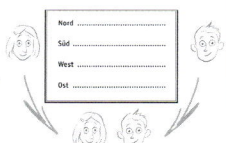
- Partnerfindung
- Treffen zur Zusammenarbeit
- Treffen am Ende/zu Beginn einer Stunde
- Treffen zum Austausch von Vorwissen
- Treffen zur Zwischenreflexion
- Treffen zur Präsentation von Ergebnissen

### Graffiti

- Sammeln von Meinungen
- Sammeln von Vorwissen
- Sammeln von Wünschen

### Line-up

- Partner- oder Gruppenfindung
- Zur Abfrage von Meinungen
- Zur Auflockerung

### Jigsaw

- Zur Verarbeitung längerer Texte mit unabhängigen Teilabschnitten
- Immer, wenn ein Thema in Teilgebiete unterteilt werden kann, die von unterschiedlichen Gruppenmitgliedern bearbeitet werden sollen

### Mind-Map
- Aktivierung von Vorwissen
- Verarbeitung von Informationen
- Hilfe für Vortrag
- Als Erinnerungshilfe für Lernstoff
- Möglichkeit zur Präsentation von Informationen

### Placemat

- Sammeln von Vorerfahrungen
- Abstimmen über wichtige Textstellen
- Abstimmen über wichtige Fakten/Inhalte
- Einigen auf einen Konsens

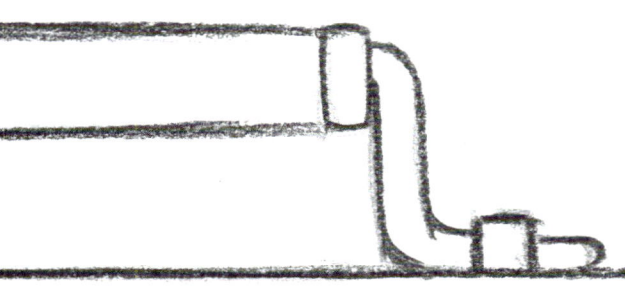

## Pair-Check

◆ Zum Rechnen

◆ Zum Lesen (Text wird in Teile aufgeteilt)

◆ Zur Bearbeitung von Aufgaben, bei denen ein Lösungsweg erforderlich ist, den die Schüler verbalisieren sollen

◆ Bei Aufgaben, bei denen mehrere Lösungen möglich sind

◆ Alle möglichen Aufgaben, die in Partnerarbeit wiederholt oder geübt werden sollen

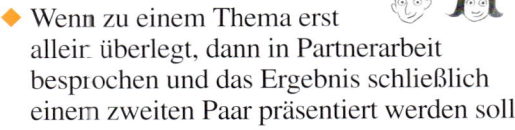

## Think – Pair – Square

◆ Wenn zu einem Thema erst allein überlegt, dann in Partnerarbeit besprochen und das Ergebnis schließlich einem zweiten Paar präsentiert werden soll

◆ Zum Sammeln von Vorwissen und Erwartungen

◆ Zur Wiederholung

◆ Wenn eine Partnerarbeit präsentiert werden soll

## Team Tournament

◆ Zum Üben komplexer Zusammenhänge

◆ Als Wiederholung

◆ Als Abschluss einer Unterrichtsreihe

## Doppelkreis

◆ Kurzes Austauschen mit mehreren Partnern

◆ Austauschen von Vorwissen

◆ Kommunikation über gerade Gelerntes

◆ Wiederholung von Inhalten der letzten Stunde

◆ Zwischenreflexion

## 3-Finger-Einschätzung

◆ Zur Reflexion fachlicher, methodischer oder sozialer Ziele

◆ Wenn der Lehrer einen schnellen Überblick über die Einschätzung der Schüler haben möchte

◆ Wenn alle Schüler über ihre Arbeit reflektieren sollen

## Graphic Organizers

◆ Unterschiedliche graphische Darstellungsformen

◆ Zur Unterstützung bei einem Vortrag

◆ Als Erinnerungshilfe

◆ Zum tieferen Verständnis von Zusammenhängen und komplexen Sachverhalten

## Zuordnung kooperativer Methoden zu Standardsituationen des Unterrichts

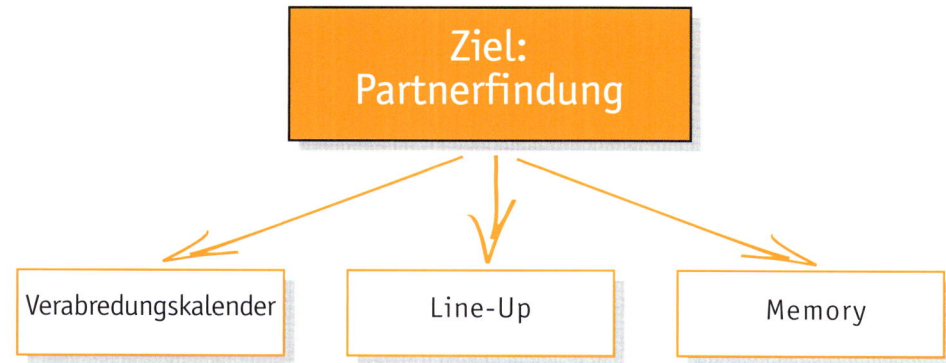

„Häufig scheitert Gruppenarbeit schon an der Zusammensetzung der Gruppen. Wenn sich immer nur diejenigen zusammentun, die nebeneinander sitzen, entstehen zu homogene Gruppen, in denen wenig gelernt wird" (Klippert im Zeit-Interview vom 30. 03. 06).

Die Partnerfindung spielt im kooperativen Lernen eine wichtige Rolle, da hier jeder lernen soll, mit jedem zusammenzuarbeiten. Die hier vorgestellten Methoden ermöglichen spielerische Varianten der willkürlichen Partnerbildung, die den Schülern das Zusammenkommen auch mit nicht freiwillig gewählten Partnern erleichtern und schmackhaft machen.

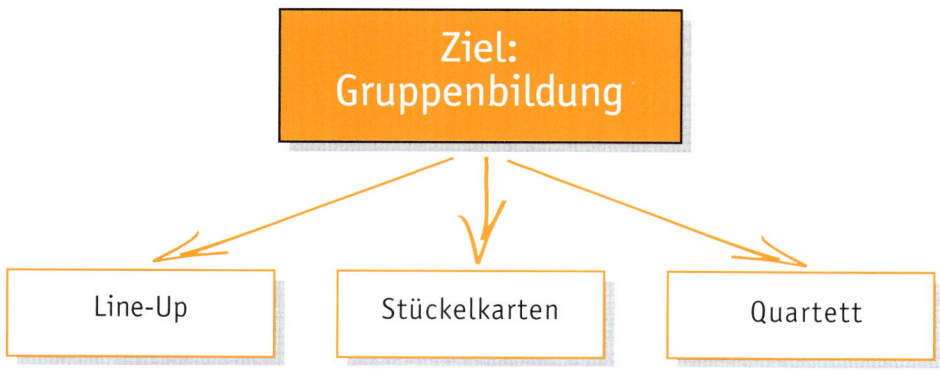

Die Gruppenbildung ist die erweiterte Form der Partnerbildung. Hier sollen vier Schüler zusammenarbeiten, die nicht schon seit Jahren zusammensitzen oder ihre Freizeit miteinander verbringen. Oft fällt den Kindern selbst schnell auf, wie wenig sie ihre langjährigen Mitschüler eigentlich kennen und betrachten diese Zufallsmischungen als Gewinn.

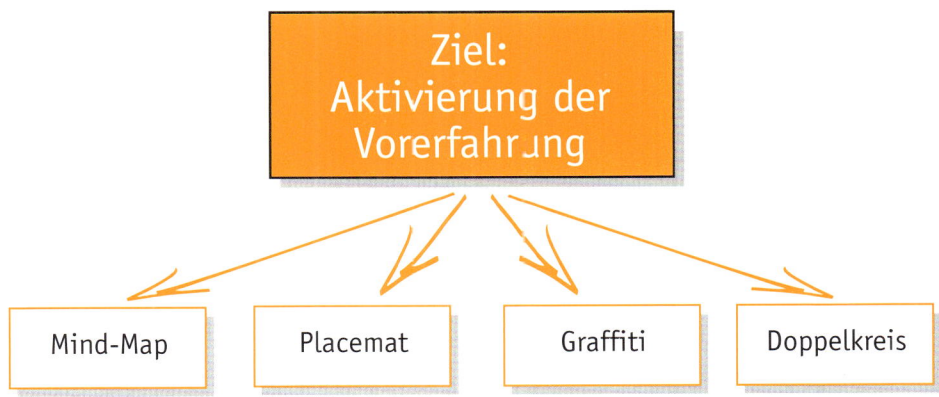

Diese Methoden zur Aktivierung der Vorerfahrungen ermöglichen es den Schülern, ihr Vorwissen angstfrei und assoziativ in den Unterricht einzubringen. In herkömmlichen Unterrichtssituationen, in denen das Vorwissen abgefragt wird, kommen oft nur wenige Schüler zum Zuge oder es wird individuell gearbeitet, wobei die gesammelten Ideen oft nicht weiter verwendet werden.

Bei jeder der hier ausgewählten Methoden denkt zunächst jeder alleine nach (es wird deutlich, dass jeder etwas zu einem Thema weiß), dann tauschen sich die Schüler untereinander aus (es wird klar, dass das eigene Vorwissen interessant für die Mitschüler ist), und schließlich wird geordnet und vorgestellt (das eigene Vorwissen ist bedeutsam für die ganze Klasse und wichtiger Bestandteil der Weiterarbeit) (Cwik/Risters 2004).

Das Verarbeiten von Informationen setzt wiederum zunächst die Arbeit und das Bemühen jedes Einzelnen voraus (Individuelle Verantwortlichkeit), bietet den Schülern aber dann Sicherheit durch die Weiterarbeit in der Gruppe. Hier diskutieren sie ihre Gedanken zum Thema, analysieren Informationen und hinterfragen Sachverhalte (positive Abhängigkeit). Dadurch garantieren diese Methoden nicht nur den regen kommunikativen Austausch der Schüler, sie ermöglichen auch ein tieferes Verständnis der Sachverhalte.

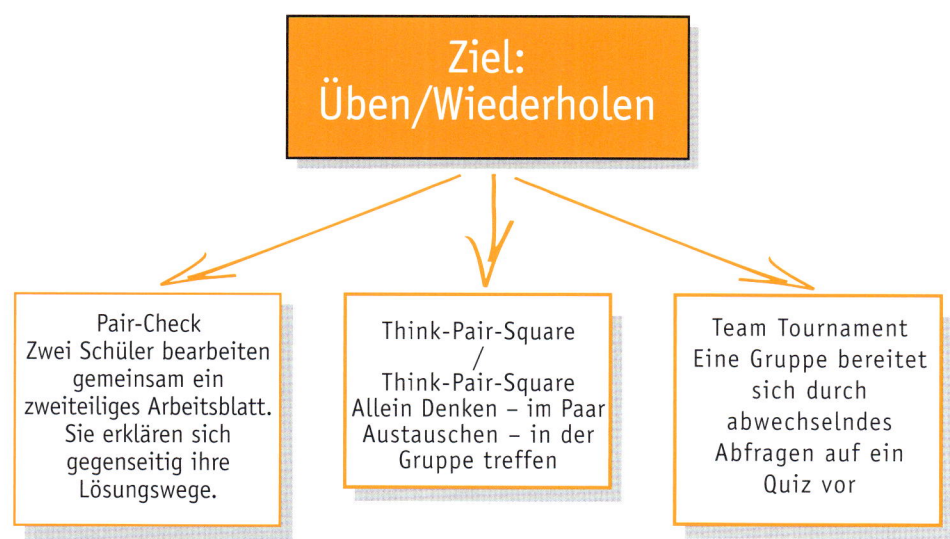

Das Üben und Wiederholen wird im herkömmlichen Unterricht meist in Einzelarbeit praktiziert. Es soll ja schließlich jeder „Übung" erfahren und sicherer im Umgang mit der „Sache" werden. Es zeigt sich nur, dass durch das simple Wiederholen von Schemata weder Sicherheit noch tieferes Verständnis erlangt wird, sondern eher größere Unsicherheit geschürt, wenn der Rechenweg bei der zehnten Aufgabe immer noch nicht verstanden ist oder Langeweile aufkommt, wenn er schon bei der ersten Aufgabe klar war.

Diese kooperativen Methoden ermöglichen den Schülern das Beleuchten eines Themas von mehreren Seiten, das Erfassen einer mathematischen Regelhaftigkeit durch viele verschiedene Zugänge und das Behalten von Informationen durch deren abwechslungsreiche Verarbeitung.

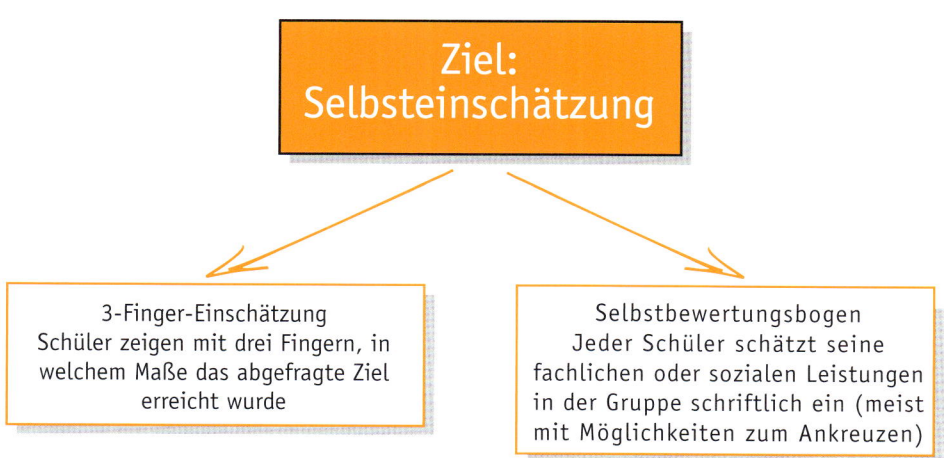

Zieltransparenz geben Lehrer in aller Deutlichkeit noch viel zu selten. Erst in der Reflexion fällt uns auf: Habe ich den Schülern überhaupt deutlich gemacht, was ich von ihnen erwartet habe? Vor allem die Ziele im Bereich der sozialen Kompetenz werden oft stillschweigend vorausgesetzt.

Beim Kooperativen Lernen gehört eine solche Zieltransparenz untrennbar zur Aufgabenstellung dazu:

◆ Findet die drei wichtigsten Sätze in diesem Kapitel.

◆ Eure Aufgabe als Team ist es, euch gegenseitig aufmerksam zuzuhören und euch gegenseitig zu loben.

◆ Nur dann kann ich in der Reflexion auch die genannten Ziele abfragen:

◆ Habt ihr euch für drei Sätze entschieden? Warum haltet ihr sie für die drei wichtigsten?

◆ Wie hat das Zuhören geklappt? Mit welchen Worten konntet ihr euch gegenseitig loben und ermutigen?

Die vorgestellten zwei Methoden zur Reflexion ermöglichen es allen Schülern, ihre Leistung auf den verschiedenen Ebenen einzuschätzen. Sie fördern das Bewusstsein, in der Gruppe etwas geleistet zu haben und dass ein positives Gruppenklima auch eine wichtige Leistung ist. Sie stärken das Kompetenz- und Selbstbewusstsein der Gruppenmitglieder individuell und als Gruppe.

## Strukturierungshilfen für das gemeinsame Lernen (Graphic Organizers)

Im Rahmen der verschiedenen kooperativen Lernmethoden ist das Erlernen und die Verwendung von graphischen Visualisierungsformen besonders sinnvoll. Sie unterstützen die Zusammenarbeit der Schüler und ermöglichen wichtige Lernfortschritte im strukturierten analytischen Denken. Bezogen auf die Sozialformen ist ihre Einsatzfähigkeit universell. Sowohl in Phasen der Einzelarbeit, von Partnerarbeit und Gruppenarbeiten helfen sie, die Lernarbeit der Schüler zu organisieren und zu dokumentieren. Damit sind sie im Rahmen des Kooperativen Lernens sehr gut integrierbar in die Grundstruktur des Arbeits- und Kooperationsprozesses **„Think-Pair-Square"**.

Zudem sind diese graphischen Strukturierungshilfen in allen Unterrichtsfächern und in sehr unterschiedlichen Lernsituationen einsetzbar:

1. **Aktualisierung des Vorwissens**

2. **Dokumentation und Visualisierung von Lernergebnissen**

3. **Planung und Gliederung eines Unterrichtsthemas**

4. **Grundlage und Hilfe für das Vortragen von Arbeitsergebnissen**

5. **Wiederholen von bereits Gelerntem**

6. **Grundlage für Konsensgespräche**

7. **Erarbeitung von Problemlösungen**

Wenn man solche Strukturierungsformen in der Grundschule einsetzt, ist es wichtig, dass die Schüler nur eine klar begrenzte und visuell durchschaubare Auswahl kennen lernen. Schließlich geht es in der Grundschule um die Vermittlung von grundlegenden Arbeits- und Lernformen. Die dabei eingesetzten Methoden sind nie Selbstzweck, sie besitzen eindeutig eine dienende Funktion und sollten nur eingesetzt werden, wenn sie das Lernen des einzelnen Schülers qualitativ unterstützen oder den Prozess der Zusammenarbeit organisieren helfen und damit optimieren.

Im Rahmen unserer Unterrichtstätigkeit haben sich am Ende vier graphische Strukturierungshilfen als besonders geeignet und als sehr vielseitig einsetzbar erwiesen:

### 1. Schnittkreis

Der Schnittkreis wird vorzugsweise in Situationen der Partnerarbeit eingesetzt. Die Schüler notieren zunächst in Einzelarbeit (Stillarbeit) ihre Gedanken zu einem Thema, stellen sich dann gegenseitig ihre Ergebnisse vor und notieren in der Schnittstelle der Kreise die gemeinsamen Gedanken oder auch die wichtigsten Ergebnisse. Die Arbeit der Schüler vollzieht sich also in einem Dreischritt-Verfahren: **Selbstständige Erarbeitung – Vorstellen und Vergleichen – Konsens erarbeiten**

Geeignete Lernphasen:

◆ Vorwissen der Schüler aktualisieren
  „Was ich schon über das neue Thema weiß."

◆ Wiederholen von bereits Gelerntem
  „Was ich unbedingt über das erarbeitete Thema behalten möchte."

◆ Planung eines Unterrichtsthemas
  „Worüber ich unbedingt mehr erfahren will."

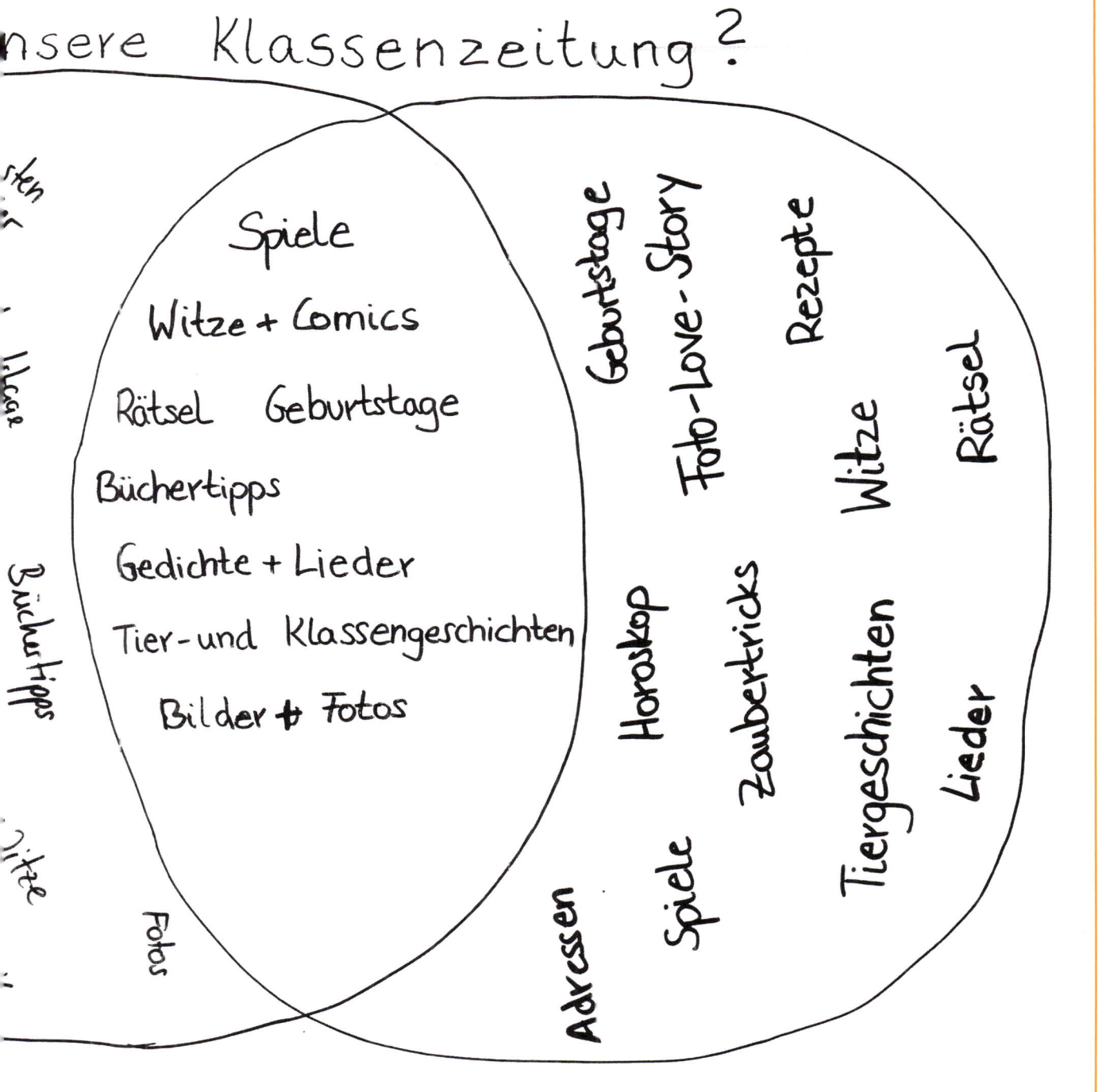

nsere Klassenzeitung?

Spiele

Witze + Comics

Rätsel   Geburtstage

Büchertipps

Gedichte + Lieder

Tier- und Klassengeschichten

Bilder + Fotos

Geburtstage

Foto-Love-Story

Rezepte

Witze

Rätsel

Horoskop

Zaubertricks

Tiergeschichten

Lieder

Adressen

Spiele

## 2. Fischgräte

Die Methode „Fischgräte" kann man in allen Sozialformen (Einzel-, Partner-, Gruppenarbeit) einsetzen. Sie
hilft dabei, verschiedene Teilaspekte von Unterrichts-
themen oder einzelne Schritte einer gedachten Problem-
lösung zu entwickeln und zu dokumentieren. Die graphische Aufbereitung ist für die Schüler leicht und
übersichtlich. Im Prinzip geht es darum, entweder zu
einem Hauptthema, einer Aufgabenstellung oder einem
Leitgedanken Begriffe, Antworten oder auch Fragen zu
finden, die das Thema erhellen oder erklären. Somit ist
diese Strukturierungshilfe in allen oben aufgeführten
sieben Lernsituationen anwendbar.

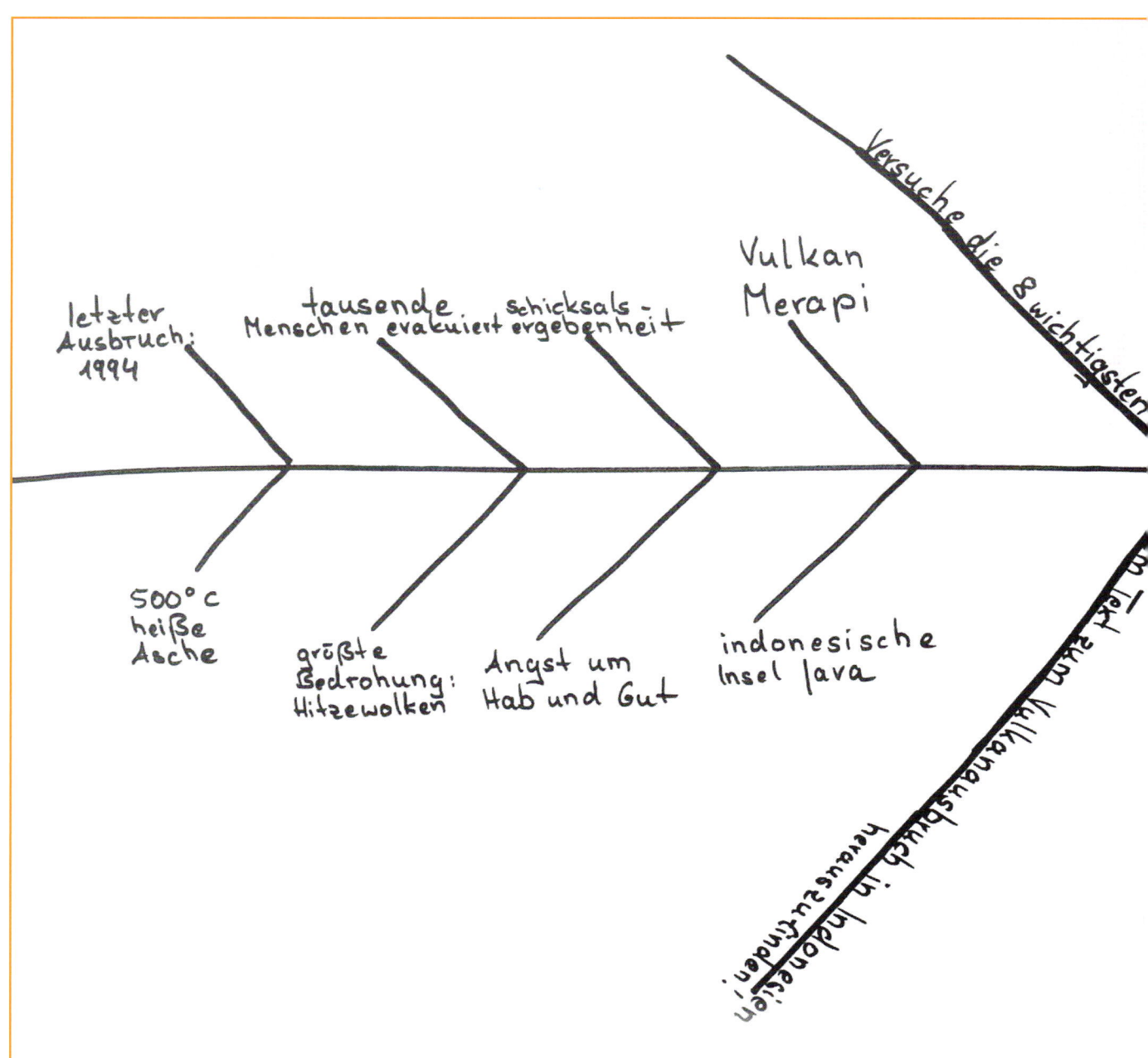

# Sie trotzen dem Feuerberg

Der **Vulkan** Merapi auf der indonesischen Insel Java steht kurz vor dem Ausbruch. Die Menschen in der Region wollen ihre Häuser dennoch nicht verlassen. „Wenn die Zeit zum **Sterben** gekommen ist, werden wir ohnehin sterben."

VON BHIMANTO SUWASTOYO

**CANGKRINGAN** Seit Wochen spuckt der Merapi Asche und Lava, in Erwartung eines Ausbruchs haben die indonesischen Behörden bereits tausende Menschen aus der Umgebung evakuiert. Doch viele Anwohner zeigen sich unbeeindruckt von den Aktivitäten des Feuerberges auf der Insel Java, dessen fruchtbare Hänge sie und ihre Vorfahren seit jeher ernähren. Die meisten hält es gerade eine Nacht in einem der Notlager, dann zieht es sie in ihre Dörfer zurück. In einer Mischung aus Schicksalsergebenheit und der Angst um ihr Hab und Gut blicken die Dorfbewohner der Gefahr stoisch ins Auge.

Das Dorf Kaliadem liegt am Nordhang des mehr als 2000 Meter hohen Vulkans, der auch an diesem Tag wieder grauweiße Aschewolken hunderte Meter weit in die Atmosphäre ausstößt. „Solange ich mich entsinnen kann, sind weder Lava noch Hitzewolken in mein Dorf gekommen. Dasselbe hat auch mein Urgroßvater gesagt", sagt der 74-jährige Marjo und schneidet seelenruhig Gras von den Hängen, um seine Milchkühe zu füttern.

Auch der zwanzig Jahre jüngere Tarjan denkt nicht daran, sein Heim zu verlassen. „Wir haben unser ganzes Leben hier verbracht und wissen, wann es gefährlich wird." Die Behörden könnten die Dorfbewohner zwar zwangsevakuieren, „aber wir wissen, wie wir nach Hause kommen", sagt er trotzig. Vor allem die Angst um ihr Vieh und ihre Habseligkeiten lässt die Menschen die Gefahr vergessen. Milchkühe sind die Haupteinkommensquelle in der Merapi-Region.

Rund vier Kilometer südlich des Gipfels haben in dem Dorf Bulubar

Im Angesicht der Gefahr tun die Bewohner **Javas** weiter ihre Arbeit. FOTO: AFP

Merapi (2914 m)
Schwere Ausbrüche
1006, 1786, 1822, 1872, 1930
(1930 starben 1 369 Menschen)

ZENTRAL-JAVA

Semarang

Yogyakarta

60 km

Vulkan Merapi

MALAYSIA  INDONESIEN

Jakarta

AFP 20060514-DE02

## INFO

### Vulkanausbruch

In einer Tiefe ab 100 Kilometer, in der Temperaturen zwischen 1000 und 1300 Grad Celsius herrschen, schmelzen Gesteine zu zähplastischem **Magma**. Es sammelt sich in großen tropfenförmigen Magmaherden, zwei bis 50 Kilometer unter der Erdoberfläche.

Wird der Druck zu groß, steigt das Magma über Spalten und Klüfte der so genannten Lithosphäre (Erdrinde) auf – der Vulkan bricht aus. Magma, das auf diese Weise an die Erdoberfläche gelangt, wird als **Lava** bezeichnet.

fast 400 Menschen, zumeist Frauen, Kinder und ältere Männer die Nacht im Rathaus verbracht. Nur einige dünne Decken schützen sie gegen die Kühle der Nacht. „Mein Mann und die anderen Männer sind bei den Häusern geblieben", erzählt die 29-jährige Suyamti, die mit ihren drei Kindern in das Lager gekommen ist.

Die größte Bedrohung für die Dörfer am Hang des Merapi sind die Hitzewolken. Eine solche gefährliche Mischung aus Gas, Asche und Staub raste beim letzten Ausbruch im Jahr 1994 mit Temperaturen von rund 500 Grad Celsius den Berg hinunter und tötete 66 Menschen. Auch Tarjan weiß um die Gefahr durch die im Volksmund „Struppige Ziegen" genannten Wolken. Doch wie große Teile der Landbevölkerung ist er geprägt von der in Indonesien sprichwörtlichen Schicksalsergebenheit der Javaner. „Wenn die Zeit zum Sterben gekommen ist, werden wir ohnehin sterben."

### 3. Ideenplan

Der Ideenplan bietet die Möglichkeit, ein Hauptthema in Unterthemen aufzugliedern. Man kann auf diese Weise mit dem Partner oder in der Gruppe ein gemeinsames Arbeitsthema vorbereiten und planen. Die Ergebnisse des Ideenplanes können dann für eine Aufgabenteilung innerhalb des Teams und auch als Grundlage für die weitere gezielte Informationsbeschaffung genutzt werden. Auch die Untersuchung eines Themas und eines Problems oder die Klärung von komplexen Sachverhalten lässt sich mit dem Ideenplan übersichtlich visualisieren.

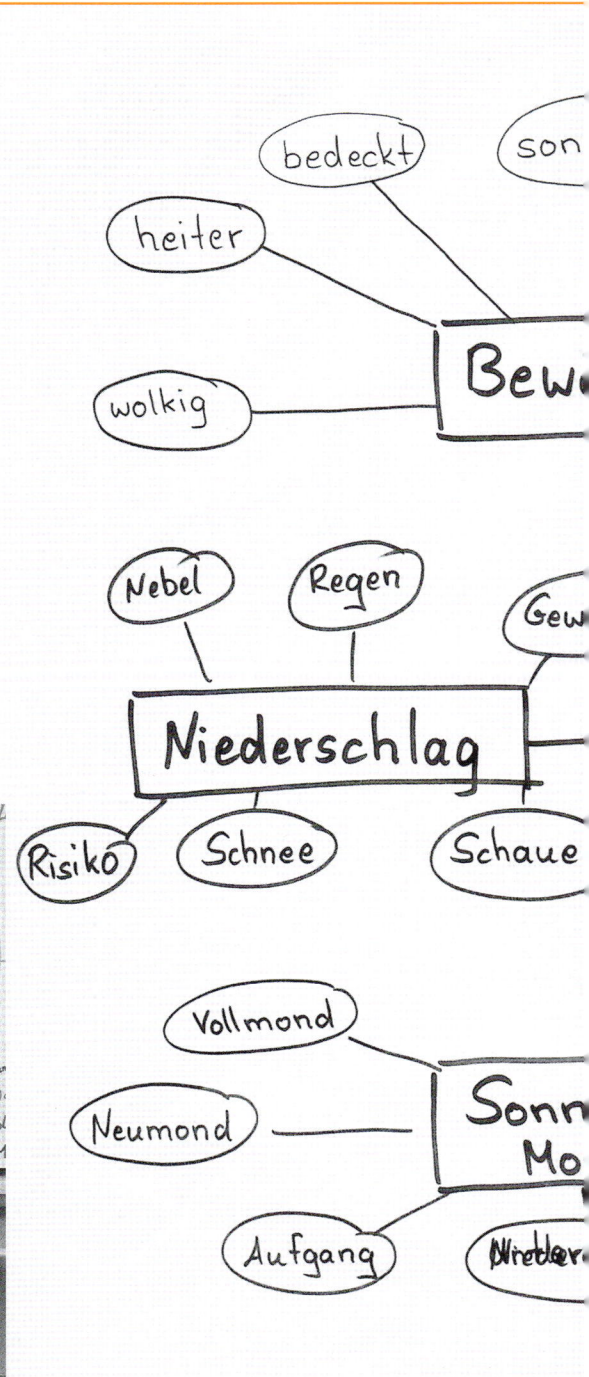

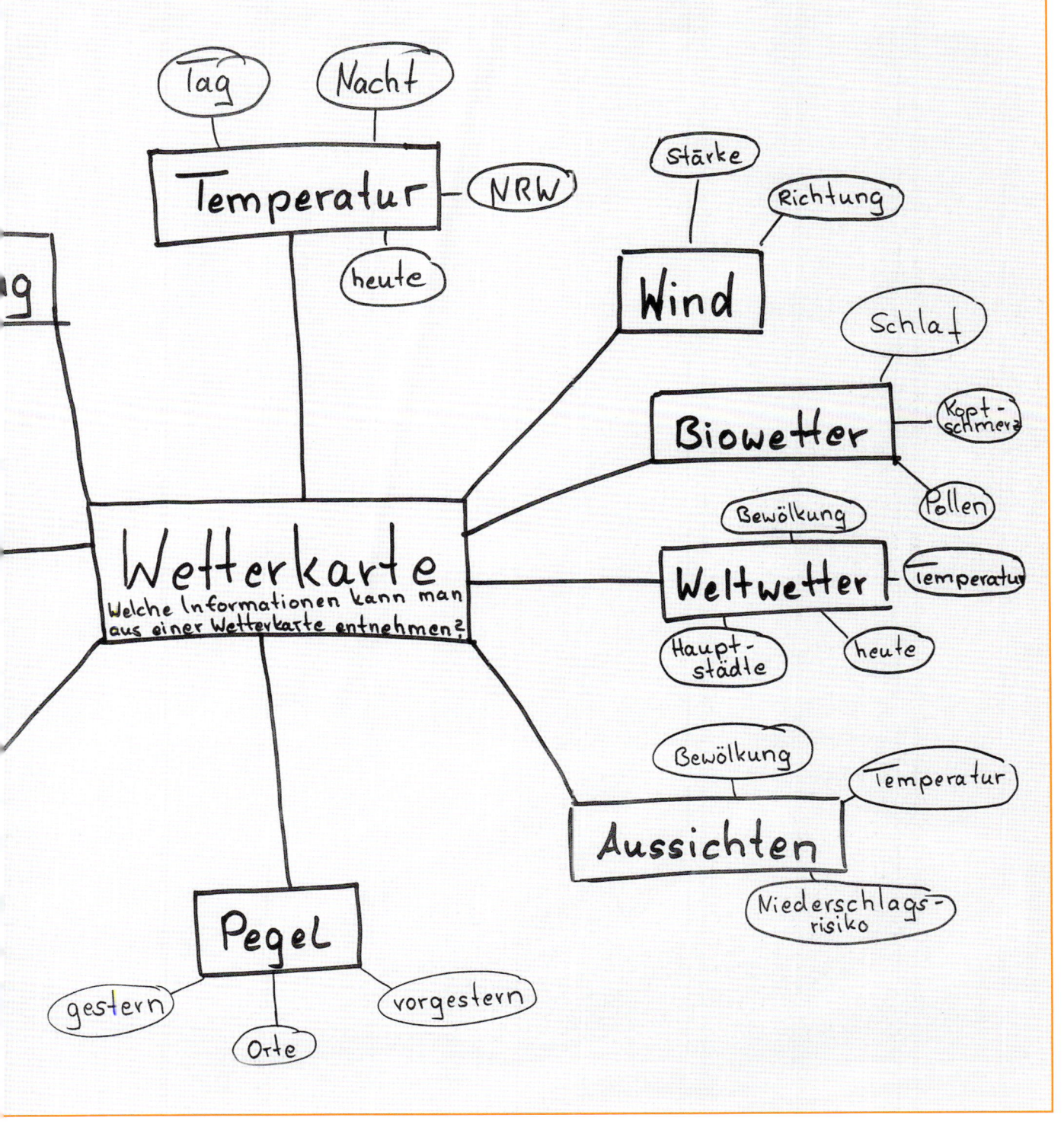

## 4. Mindmap

Das Mindmap ist eine komplexere Form zur Strukturierung und Darstellung von Gedanken, Themen und Sachverhalten. Sein Einsatz ist prinzipiell in allen Sozialformen möglich, jedoch ist die Entwicklung eines Mindmaps bedingt durch seinen Umfang und seine Komplexität gerade in Gruppen sinnvoll. Die Ideen und Beiträge aller Teammitglieder gewährleisten mehr Vielfalt und Kreativität. Besonders effektiv einsetzbar ist das Mindmap in Unterrichtsphasen, in denen es um die Dokumentation und Visualisierung von Lern- oder Arbeitsergebnissen einer Gruppe geht. Dabei kann das erstellte Mindmap auch als Hilfe zur Vorstellung und Präsentation der eigenen Ergebnisse vor dem Plenum dienen. Wenn die Schüler erfahrener im Mind Mapping sind, kann dieses Instrument auch in Phasen eingesetzt werden, wo es insbesondere auf kreatives Denken und Problemlösen ankommt.

Damit eine Übersichtlichkeit des Mindmaps erhalten bleibt, sind aber unbedingt einige Regeln einzuhalten:

◆ Das Mindmap besteht aus farbigen Linien, Pfeilen, Wörtern, kurzen Texten, Zeichnungen und Bildern.

◆ Das Hauptthema steht in der Mitte und ist besonders auffällig gestaltet.

◆ Zu den Unterthemen führen dicke, verschiedenfarbige Linien.

◆ Jedes Unterthema behält seine eigene Farbe.

◆ Auf den Linien werden die zugehörigen Begriffe geschrieben.

◆ Von jedem Unterthema können weitere Linien in der gleichen Farbe ausgehen.

◆ Am besten benutzt man eine gut lesbare Druckschrift.

◆ Besonders wichtige Wörter werden größer geschrieben als andere.

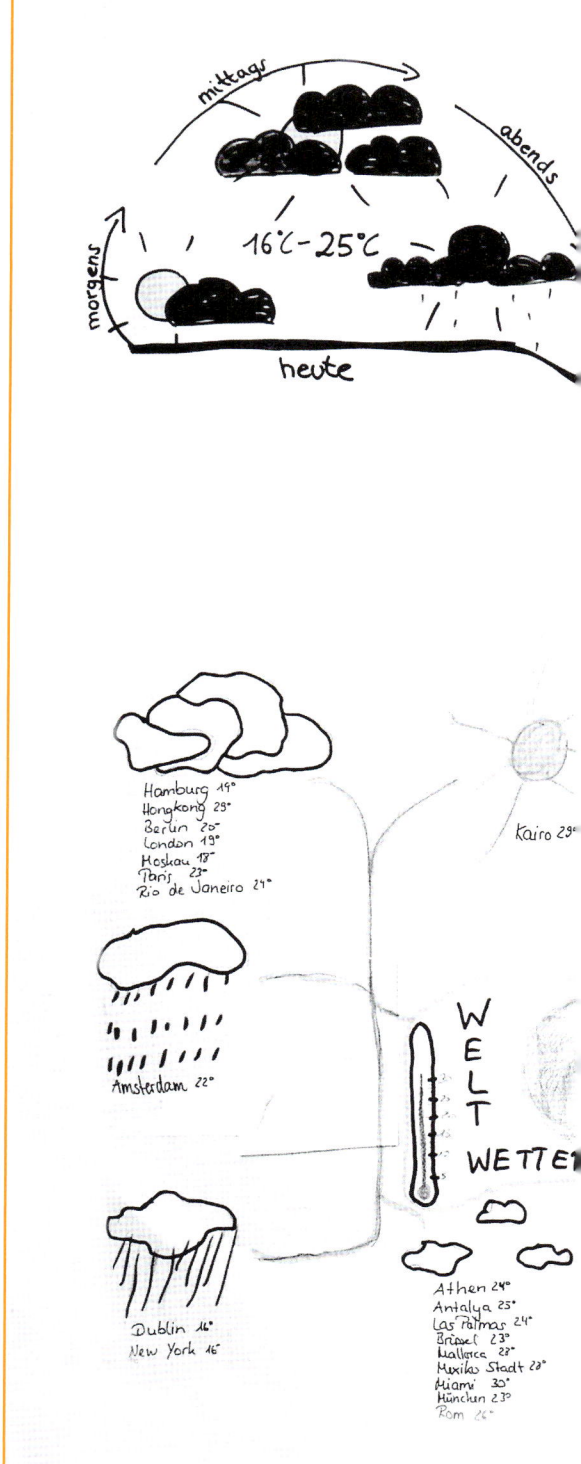

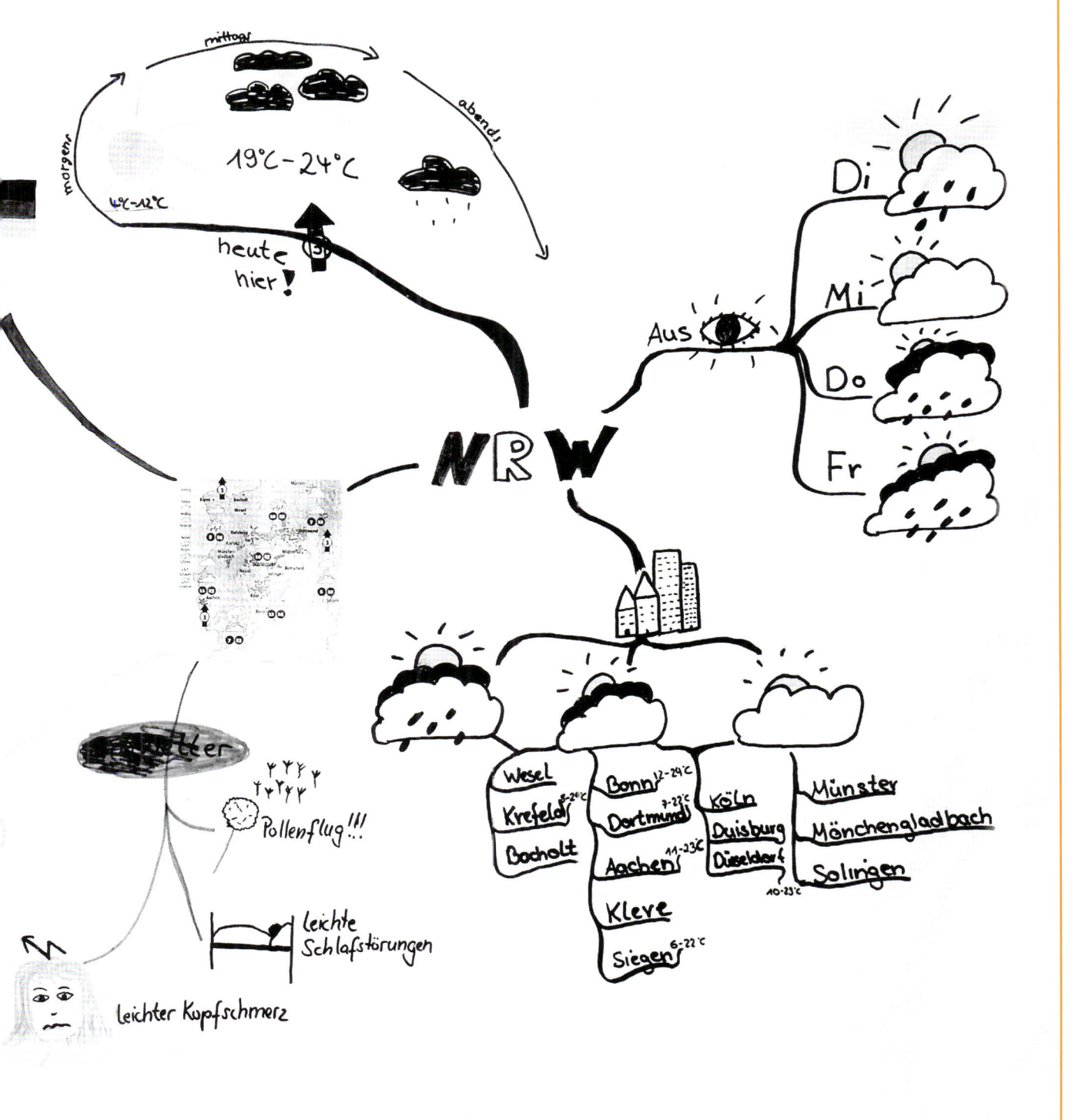

# 11. Wie beginne ich mit dem Kooperativen Lernen?

Die Methoden des Kooperativen Lernens lassen sich jeden Tag in jeder beliebigen Stunde einsetzen. Die Unterrichtsbeispiele in diesem Kapitel sollen hierfür Ideen liefern. Die Methoden lassen sich unabhängig voneinander und unabhängig vom restlichen Unterrichtsablauf einsetzen.

Zunächst sollte dem Lehrer der Grundsatz klar sein, dass jeder Sachverhalt, der erlernt, geübt oder eingeführt werden soll, von den Schülern tiefer und mit mehr Verknüpfungen, das heißt auch ganzheitlicher, verstanden und behalten wird, je vielseitiger er gemeinsam mit Mitschülern besprochen und hinterfragt oder gegenseitig erklärt wird.

Als Grundsatz für die Unterrichtsplanung kann also gelten:

**Ich möchte möglichst viele Situationen schaffen, in denen sich Schüler über die Sache miteinander unterhalten.**

Diese Situationen sollten aber klar strukturiert sein, so dass die kommunikativen Anlässe optimal von den Schülern genutzt werden können. Dafür ist es dringend notwendig, die Methoden genau so durchzuführen wie sie vorgegeben sind. Ansonsten ist zielgerichtetes Arbeiten nicht mehr garantiert und wir finden uns im Chaos der unorganisierten Gruppenarbeit wieder.

Es empfiehlt sich demnach, immer nur eine Methode nach der anderen einzuführen, den Schülern den Sinn dieser Methode zu vermitteln und sie so lange in verschiedenen Zusammenhängen einzuüben, bis sie die angestrebten Unterrichtsziele optimal unterstützt.

**„Beginnen Sie mit Methoden der Partnerarbeit"**

Zu Beginn eignen sich vor allem einfache Übungen in Partnerarbeit, die wenig organisatorischen Aufwand und wenig methodische und soziale Voraussetzungen erfordern. Dasselbe gilt für die Durchführung kooperativer Methoden im Anfangsunterricht.

Eine Methode zur Partnerfindung kann relativ schnell neue Partner zu einem kurzen Treffen zusammenbringen, in welchem sich die neuen Partner ganz kurz etwa die erreichten Erfolge aus einer vorangegangenen Gruppenarbeit erzählen. Durch die Einstellung auf einen neuen Gesprächspartner, der vielleicht in seiner Gruppe ein anderes Thema bearbeitet hat, überdenken die Schüler ihr Arbeitsergebnis, komprimieren es gedanklich und erklären es einem neuen Zuhörer im Zusammenhang. Die Neuorganisation des Gelernten für den Zweck es jemandem zu erklären ermöglicht die Speicherung im Gehirn unter verschiedenen Aspekten (higher order thinking). Komplexe neuronale Verknüpfungen und ein tieferes Verständnis der Lerninhalte sind die Folge einer solchen kurzen, aber gut organisierten Partnerdiskussion.

Viele Lehrer stellen sich die Frage, wie viele ihrer Schüler in einer solchen Situation nichts mitzuteilen hätten, weil sie an der Arbeit in der Gruppe nicht oder kaum beteiligt waren.

Durch das Prinzip der positiven Abhängigkeit in Kapitel 7 wird beim Kooperativen Lernen gewährleistet, dass dieser Effekt nicht eintritt. Wie er in der Praxis die Mitarbeit aller Schüler garantiert, sollen die Unterrichtsbeispiele in Kapitel 12 zeigen.

## Wie und wann werden Methoden eingeführt?

Jede Unterrichtssituation wird bestimmt durch die Individualität des Lehrers, durch seine Ziele und vor allem durch die Heterogenität seiner Schülerschaft. Es eignen sich bestimmte Methoden für bestimmte inhaltliche Ziele (s. Übersicht) und doch sollte man den eigenen Unterrichtsstil und vor allem die Bedingungen in der Klasse bei der Auswahl einer Methode in den Vordergrund stellen. Es empfiehlt sich die Arbeit in Gruppen durch Aktivitäten mit nur einem Partner vorzubereiten. Besonders in jüngeren Klassenstufen fällt es den Schülern leichter, sich zunächst auf einen Partner einzulassen.

Anhand folgender Leitfragen lässt sich der Unterricht kooperativ planen:

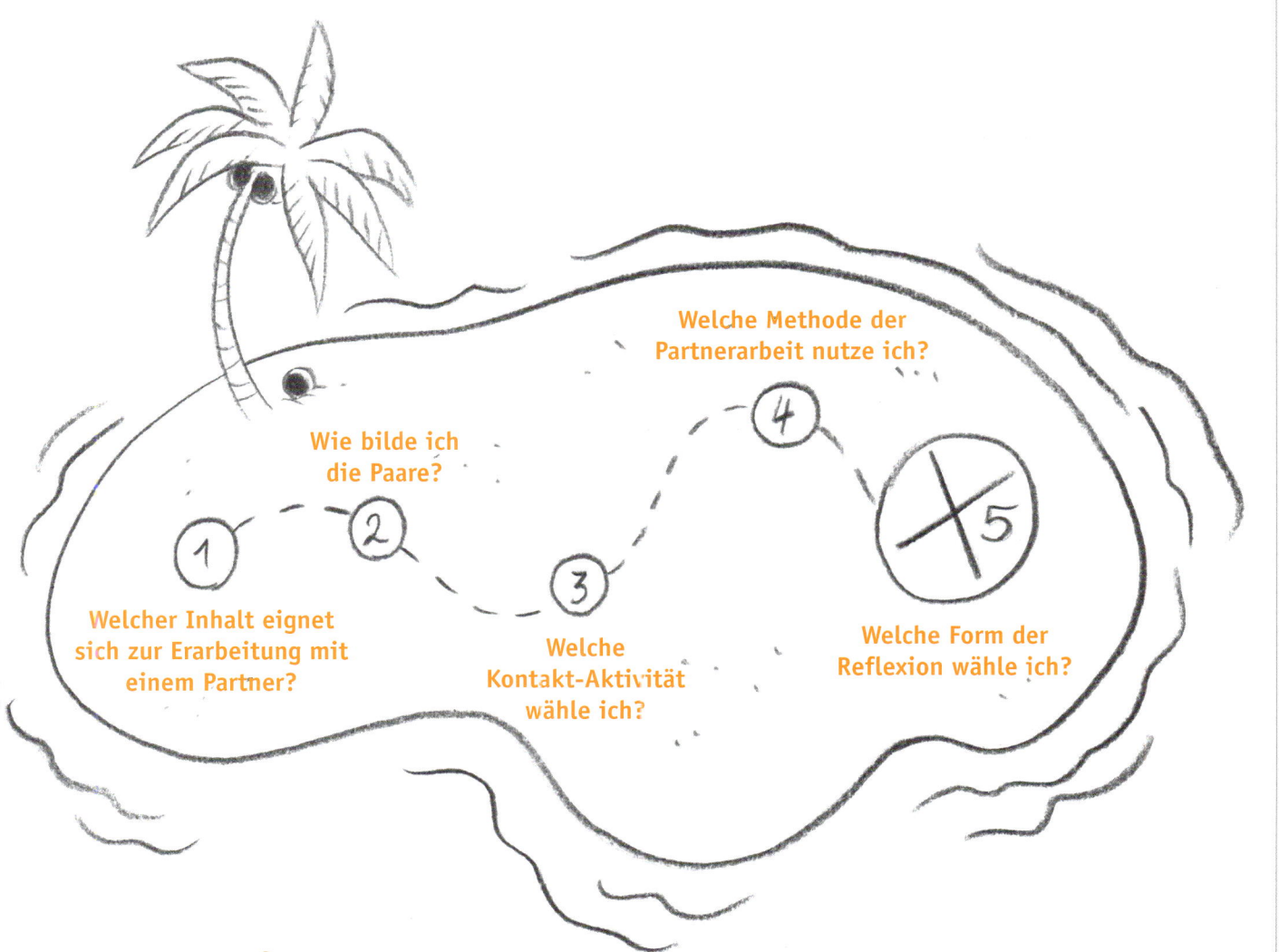

1 — Welcher Inhalt eignet sich zur Erarbeitung mit einem Partner?

2 — Wie bilde ich die Paare?

3 — Welche Kontakt-Aktivität wähle ich?

4 — Welche Methode der Partnerarbeit nutze ich?

5 — Welche Form der Reflexion wähle ich?

Wenn Sie diesen Wegeplan benutzen, können Sie einfache kooperative Methoden schnell, flexibel und sinnvoll in jedem Unterrichtsfach einsetzen.

In jeder beliebigen Stunde kann eine einfache Partneraktivität wie „Think-Pair-Square" oder „Pair-Check" eingebaut werden. Nutzen Sie diese zum Erinnern an Fakten der letzten Stunde, zur Aktivierung von Vorerfahrungen oder zum Rekapitulieren des gerade Gelernten am Ende einer Stunde.

Dazu sollten zunächst (2) **Zufallspaare** gebildet werden, da es beim Kooperativen Lernen darauf ankommt, dass Kommunikation zwischen allen Schülern der Klasse entsteht. Eine einfache Möglichkeit der Partnerfindung ist das Berühmtheiten-Memory. Finden Sie 12 berühmte Paare (wenn ihre Klasse 24 Schüler hat), die die meisten Schüler kennen und schreiben sie diese auf Karten, z. B. Peter/der Wolf, Schneeweißchen/Rosenrot, Shrek/Prinzessin ... Sie teilen die Karten aus und die Schüler müssen ihren Partner finden.

Die so gebildeten Paare suchen sich einen Platz im Raum.

Eine (3) **Kontaktaktivität** scheint auf den ersten Blick in einer Klasse unwichtig, ist aber unerlässlich zum Abbau von Unsicherheiten und für das Schaffen von Vertrauen unter den Partnern. Die Kinder könnten sich einen Lieblingswitz erzählen oder von ihrem besten Urlaub berichten oder andere beliebte Themen besprechen. Für diese Aktivität geben Sie jedem Schüler nicht mehr als zwei Minuten Redezeit. So können persönliche Unsicherheiten und interpersonelle Barrieren zwischen den Schülern abgebaut werden und effektives Arbeiten ist möglich.

Besonders zu Beginn der kooperativen Arbeit ist es wichtig, den Schülern den Ablauf und die Ziele der Methode genau zu erklären. Die Aufgaben der einzelnen Partner werden explizit aufgeteilt.

Bei der Erläuterung der Methode, hier z. B. (4) **Pair-Check** können Piktogramme (siehe Kopiervorlage) hilfreich sein.

Während der Aktivität ist es wichtig, dass der Lehrer im Klassenraum präsent ist und richtiges Verhalten aktiv lobt.

Nach der Aktivität schätzen die Schüler ihr Verhalten während der Aktivität in der (5) **Reflexion** ein, sie artikulieren Erfolge und Probleme.

Haben Sie einige Stunden mit diesem Schema gearbeitet und haben den Eindruck, Sie und Ihre Schüler fühlen sich sicher in der Partnerarbeit, so haben Sie eine solide Basis für das weitere Kooperative Lernen gelegt. Sie werden feststellen, dass sich das Klima in ihrer Klasse zum Positiven verändert hat und dass auch schüchterne oder schwächere Schüler stärker dazu bereit sind, ihren Beitrag selbstbewusst und aktiv einzubringen.

Gehen Sie nach einem ganz ähnlichen Schema an die Vorbereitung von Gruppenprozessen:

## Verteilung von Rollen innerhalb der Gruppe

Bei der Verteilung von Rollen in den Gruppen werden die Schüler einer Gruppe von 1 bis 4 durchnummeriert (Numbered Heads). Diese Nummern können zunächst die Reihenfolge, in der die Schüler ihre Gedanken der Gruppe vorstellen, bestimmen. In fortgeschrittenen Gruppen bekommt jede Nummer vor der Gruppenaktivität eine bestimmte Rolle (Aufgabe) zugewiesen, die sie in der Gruppenarbeit zu erfüllen hat.

Zu Beginn empfehlen sich einfache Rollen, die den Schülern mit Piktogrammen oder Rollenkarten verdeutlicht werden:

**Nr. 1: Schreiber**

**Nr. 3: Zeitmanager**

**Nr. 2: Materialmanager**

**Nr. 4: Maler**

Alle Mitglieder arbeiten an den fachlichen Ergebnissen mit, das heißt, alle sind an der Diskussion beteiligt. Die Rollenverteilung stellt nur sicher, dass jedes Mitglied einen festgesetzten Beitrag zum Erfolg der Gruppe leistet (individuelle Verantwortlichkeit). Lange Diskussionen darum, wer was aufschreiben oder malen darf, gibt es nicht mehr, die Zeit und Energie der Gruppe wird zielgerichteter eingesetzt.

Die Rollen können fachlicher, methodischer und sozialer Art sein. Einige sind im Folgenden aufgelistet, wobei der Schwierigkeitsgrad von „einfach" bis zu „anspruchsvoll" steigt:

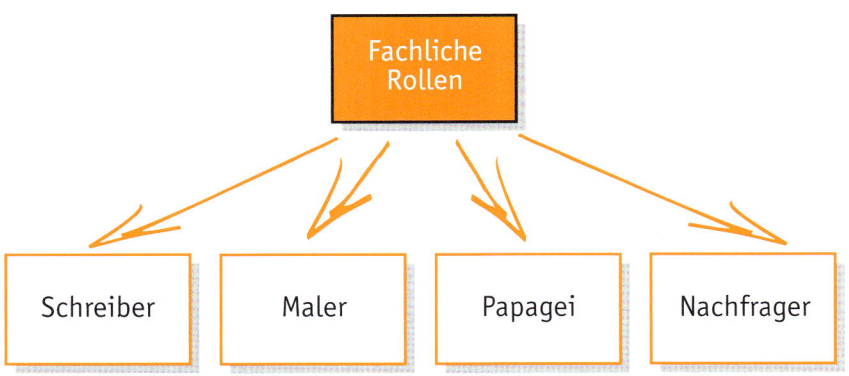

**Schreiber:** Ist für das Schreiben zuständig. Er kann andere Teammitglieder und Hilfe bei Formulierung und Schreibweise bitten.

**Maler:** Ist für die graphische Gestaltung eines Plakates o.ä. zuständig.

**Papagei:** Paraphrasiert wichtige Beiträge.

**Nachfrager:** Fragt möglichst oft nach, um ein tieferes Verständnis für alle zu erreichen.

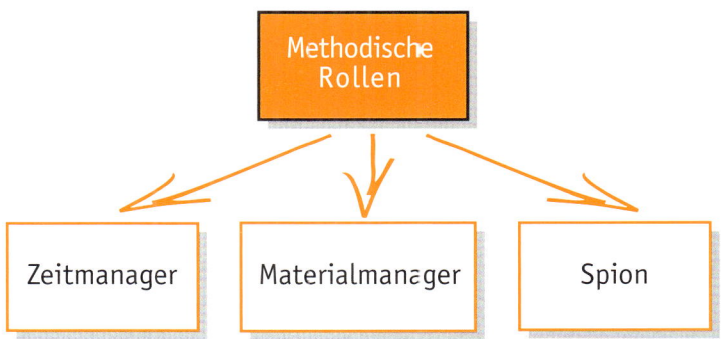

**Zeitmanager:** Achtet auf die Einhaltung der vorgegebenen Zeit, erinnert seine Teammitglieder an die ablaufende Zeit.

**Materialmanager:** Besorgt vom Lehrer/aus der Klasse das gesamte benötigte Material und sorgt dafür, dass es nach der Arbeit wieder an seinen Platz kommt.

**Spion:** Hat zu einem vorgegebenen Zeitpunkt während der Gruppenarbeit die Aufgabe, gute Ideen anderer Gruppen zu „klauen".

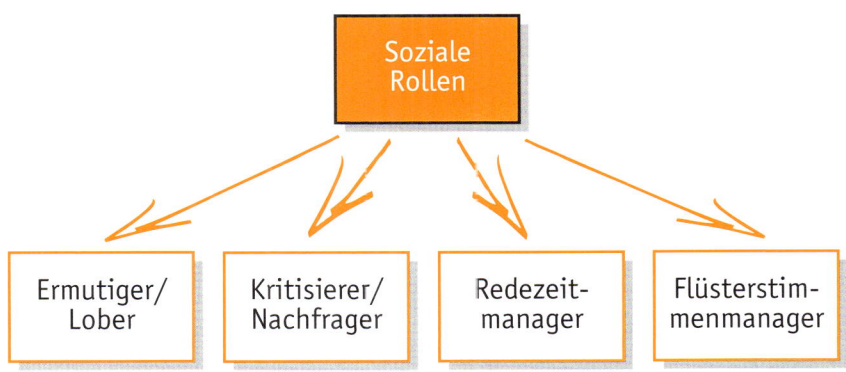

**Ermutiger/Lober:** Hat die Aufgabe, richtige und gute Beiträge zu loben und alle Mitglieder der Gruppe zur Mitarbeit zu ermutigen.

**Kritisierer/Nachfrager:** Hat die Aufgabe, Beiträge auf sozial verträgliche Weise kritisch zu hinterfragen.

**Redezeitmanager:** Achtet darauf, dass eine vorgegebene Redezeit für jedes Mitglied eingehalten wird, so dass die Redeanteile in der Gruppe gleich verteilt sind.

**Flüsterstimmenmanager:** Achtet darauf, dass die Lautstärke in der Gruppe angemessen bleibt.

## Methoden der Partnerfindung

Verabredungskalender

### Verabredungskalender (Appointment Calendar)

*Didaktische Funktion:* Die Schüler arbeiten mit einem selbst gewählten neuen Partner zusammen.

*Einsatzmöglichkeiten:* Zur Vorbesprechung eines Themas (Vorerfahrungen), als Partner für eine Arbeitsphase, als Zwischenreflexion oder Präsentation.

*Ablauf:* Jeder Schüler schreibt die Zahlen von 1 bis 4 untereinander in sein Heft oder benutzt die Kopiervorlage. Nun sucht sich jeder Schüler Verabredungen für jede Uhrzeit. Der Verabredungskalender bleibt im Heft bzw. im Mäppchen, so dass der Lehrer jederzeit eine bestimmte Uhrzeit ausrufen und so ein Treffen mit einem Partner initiieren kann.

*Unterrichtsbeispiel:* Sprachunterricht; die Schüler haben gemeinsam mit ihrem Nachbarn ein Gedicht weitergeschrieben. Zum Ende der Stunde möchte der Lehrer ermöglichen, dass nicht nur einige Ausgewählte in einer frontalen Präsentation ihre Arbeit zeigen können, sondern alle sollen diese Möglichkeit erhalten.

„Trefft euch jetzt bitte mit eurem ‚1-Uhr-Partner' und stellt ihm euer Gedicht vor. Hört sein Gedicht an, lobt und gebt Tipps."

*Material:* Heft oder Kopiervorlage.

Andere Formen von Verabredungskalendern finden Sie in den Kopiervorlagen.

### Line-up

*Didaktische Funktion:* Gruppenbildende Aktivität – Jeder soll mit jedem in Kontakt kommen.

*Einsatzmöglichkeiten:* Bildung von Zufallsgruppen.

*Ablauf:* Die Kinder werden aufgefordert, sich nach einem bestimmten Kriterium der Reihe nach aufzustellen. Hier kann die zusätzliche Anforderung gestellt werden, nicht miteinander zu sprechen, sondern sich durch Gesten zu verständigen. Zweiergruppen können nun gebildet werden, indem man z. B. den ersten und den letzten Teilnehmer zusammenbringt, den zweiten und zweitletzten usw. oder man teilt die Reihe in der Hälfte und lässt die nun entstehenden zwei Reihen sich gegenüber aufstellen. Die Gegenüberstehenden sind dann die Partner.

*Unterrichtsbeispiel:* Beginn der Sachunterrichtsstunde. Es sollen neue Gruppen zur Arbeit an einer Saurierkartei gebildet werden.

„Bitte stellt euch vorn in der Klasse in einer Reihe nebeneinander auf. Der mit der kleinsten Hausnummer steht ganz links, der mit der höchsten ganz rechts." Die Schüler stellen sich auf. Aus dieser Reihe zählt der Lehrer immer vier Schüler ab, sie bilden ab jetzt eine Gruppe.

*Variationen:* nach Größe, nach Schuhgröße, nach Alter, nach Meinungen („Wer der Meinung ist, es wäre gut, wenn es heute noch Dinosaurier gäbe, stellt sich ganz links auf, wer meint, es ist gut, dass sie ausgestorben sind, ganz rechts").

## Methoden zur Partnerarbeit

### Think-Pair-Square

*Didaktische Funktion:* Zu einer Aufgabe oder zu einem Thema sollen Gedanken und Ideen zunächst in Einzelarbeit notiert, dann in Partnerarbeit weiterentwickelt und schließlich in einem Gespräch zu viert ausgetauscht werden.

*Einsatzmöglichkeiten:* Austausch über verschiedene Themen, Wiederholung, Schüler verschiedener Lerngruppen berichten von ihren Ergebnissen

*Ablauf:* Diese Methode beginnt mit Einzelarbeit. Jedes Kind notiert sich seine Gedanken zu dem von der Lehrerin formulierten Arbeitsauftrag. Nach ca. drei bis fünf Minuten bilden sich nach vorher vereinbarten Regeln Paare, die sich gegenseitig informieren. Da jedes Kind den Auftrag hat, die Meinungen des anderen später vorzustellen, macht es sich während der Vorstellung Notizen auf einem Stichwortzettel. Danach trifft ein Paar ein anderes. Jeweils ein Kind eines Paares muss die Meinung des anderen vorstellen. Die Kinder müssen sich bei der Durchführung der Methode gut zuhören und möglichst genau die Informationen des anderen Kindes wiedergeben.

*Unterrichtsbeispiel:* Im Deutschunterricht soll die Inhaltsangabe zu einem Kapitel einer Lektüre geschrieben werden. Diese Aufgabe ist relativ neu für alle Schüler.

„Überlegt bitte zunächst allein, was in diesem Kapitel besonders wichtig war. Notiert eure Gedanken in Stichworten auf einem Zettel. Auf mein Zeichen tauscht ihr euch mit eurem Partner aus und einigt euch auf sechs Ereignisse die besonders wichtig waren. Beim nächsten Zeichen trefft ihr euch mit zwei anderen Partnern und tauscht euch aus. Einigt euch auf nicht mehr als sechs Ereignisse für eure Inhaltsangabe."

Die Aufgabe, aus den gefundenen Ereignissen eine Inhaltsangabe zu schreiben, ist jetzt für alle Schüler ohne Angst möglich, obwohl das Schreiben einer Inhaltsangabe nicht frontal erläutert wurde.

## Paar-Kontrolle (Pair-Check)

*Didaktische Funktion:* Zwei Schüler arbeiten gemeinsam an Aufgaben, erklären sich gegenseitig ihre Lösungswege, unterstützen und korrigieren sich.

*Einsatzmöglichkeiten:* Jedes Fach, alle Aufgaben, die verschiedene Lösungswege erlauben oder schwierig zu lösen sind.

*Ablauf:* Jeweils zwei Schüler bekommen ein Blatt. Der erste Schüler beginnt mit der ersten Aufgabe, spricht dabei seine Gedanken aus. Der zweite Partner hört zu, ermutigt und hilft ggf. und hakt schließlich die richtige Lösung ab und so fort.

## Doppelkreis

*Didaktische Funktion:* Die Schüler sollen Zufallspartnern gegenüber in freier Rede zu einem eng abgesteckten Thema berichten bzw. erzählen, und zwar so, dass jeweils die Hälfte der Klasse für kurze Zeit gleichzeitig spricht. Sie sollen durch mehrfache Partnerwechsel Gelegenheit erhalten, sich zum anstehenden Thema „warm zu reden", sprachlich Sicherheit zu gewinnen und Selbstvertrauen zu erlangen. Durch diese Methode sind alle Kinder in einer Klasse gleichzeitig aktiv (durch Sprechen und Zuhören).

*Einsatzmöglichkeiten:* In jedem Fach, immer, wenn für kurze Zeit Informationen oder Meinungen mit vielen verschiedenen Partnern ausgetauscht werden sollen.

*Ablauf:*

◆ Die Schüler stehen im Kreis.

◆ Sie stellen sich im Reißverschlussverfahren gegenüber, so dass die Kinder in einem Innen- und Außenstuhlkreis einander zugewandt sitzen.

◆ Der Innenkreis rückt im (oder gegen den) Uhrzeigersinn zwei Schüler weiter. So wird vermieden, dass Kinder, die sich kennen und vorher nebeneinander saßen, nun auch miteinander reden.

◆ Die Kinder im Innenkreis sind die Akteure und berichten zuerst. Die Kinder im Außenkreis sind die Zuhörer und fassen anschließend das Gehörte kurz zusammen (aktives Zuhören).

◆ Jetzt kann ein lockerer Meinungs- und Erfahrungsaustausch folgen.

◆ Die Kinder des Außenkreises rücken nun zwei oder drei Schüler weiter, so dass sich neue Gesprächspaare bilden. Jetzt werden die Akteure im Außenkreis aktiv und erzählen ihrerseits zum gleichen Thema.

◆ Das kann beliebig oft wiederholt werden.

*Unterrichtsbeispiel:* Da ein langes Wochenende hinter ihnen liegt, möchte der Lehrer ermöglichen, dass alle Schüler ihre Erlebnisse schildern können. Für einen ausführlichen Erzählkreis fehlt aber sowohl die Zeit als auch die Geduld der Schüler, allen 30 Klassenkameraden zuzuhören. Im Doppelkreis hat jeder die Möglichkeit, seine Erlebnisse zu berichten, bzw. drei oder mehr Erlebnisse anzuhören und gezielt Nachfragen zu stellen.

Oder im Mathematikunterricht ist das kleine Einmaleins eigentlich schon abgeschlossen. Nach den Herbstferien will der Lehrer das Gedächtnis der Schüler aber auffrischen. Im Doppelkreis stellen sich die Schüler gegenseitig Aufgaben und beantworten sie.

## Methoden in Gruppenarbeit

### Platzdeckchen (Placemat)

*Didaktische Funktion:* Jeder überlegt zunächst allein, tauscht sich dann mit drei Partnern aus

*Einsatzmöglichkeiten:* Vorerfahrungen aktivieren, Schwerpunkte bzw. Leitfragen für eine Arbeit finden. Diese Methode wird auch zur Wiederholung am Ende einer Einheit oder zu Beginn einer neuen Stunde eingesetzt.

*Ablauf:* Jedes Team legt das Arbeitsblatt in die Mitte des Gruppentisches. Jedes Gruppenmitglied schreibt seinen persönlichen Beitrag in seinen Bereich auf dem Plakat. Die Gruppenmitglieder sichten die verschiedenen Arbeitsergebnisse durch Drehen der Placemat. Durch den gemeinsamen Austausch kommen sie schließlich zu einem Gruppenkonsens, den sie zum Schluss in die Mitte des Plakats schreiben. Zum Schluss präsentiert ein Gruppenmitglied die Hauptgedanken.

*Unterrichtsbeispiel:* Im Deutschunterricht wird die Lektüre „Das Vamperl" eingeführt. In der Mitte des Placemats befindet sich ein Bild von einem Vampir. Die Schüler schreiben zunächst allein auf, was ihnen zu diesem Bild einfällt. Dann einigen sie sich auf die fünf wichtigsten Eigenschaften eines Vampirs.

Oder im Sachunterricht sollen Argumente für neue Spielgeräte gefunden werden. Zunächst überlegt jeder allein, dann einigen sich die Schüler auf die fünf wichtigsten Argumente, die in einem Brief an die Schulleiterin verwendet werden.

*Material:* Papier (DIN A 3), Stifte.

### Graffiti-Methode (Rotation)

*Didaktische Funktion:* Die Graffiti-Methode dient dazu, in kurzer Zeit möglichst viele Ideen zu verschiedenen Themenschwerpunkten zu sammeln. Diese Methode kann sowohl zu Beginn einer Unterrichtseinheit (Aktivieren des Vorwissens) als auch gegen Ende eingesetzt werden.

*Einsatzmöglichkeiten:* Beispiel: Im Sachunterricht sammeln die Schüler Ideen, wie Umweltschutz zu Hause, in der Schule, in der Kommune und im Land umgesetzt werden kann.

*Ablauf:*

◆ Im Raum werden mehrere Tische frei aufgestellt, auf denen jeweils große Bögen Papier liegen.

◆ Auf jedem der Bögen steht eine Frage oder ein Aspekt zu einem übergreifenden Thema.

◆ Die Klasse wird in Kleingruppen aufgeteilt. Jede Gruppe beginnt bei einem der Unterthemen und schreibt für eine festgelegte Zeit Ideen (Stichwörter, Sätze, Visualisierungen) auf das Poster.

◆ Auf ein Kommando hin wechselt jedes Team zum nächsten Poster, um dort wiederum Ideen festzuhalten.

◆ Dieser Prozess wird so lange fortgesetzt, bis jede Gruppe wieder an ihrem ursprünglichen Tisch angekommen ist.

◆ Anschließend

- sichtet jedes Team die gesammelten Ideen auf dem Poster,

- diskutiert sie,

- ordnet sie und fasst sie zusammen (evtl. als Cluster),

- präsentiert das Gesamtergebnis kurz im Plenum.

## Lernmethode: Jigsaw

Für die „Jigsaw-Technik" (= Gruppenpuzzle-Technik) ist kennzeichnend, dass die Schüler durch ein Verfahren Experten für einen bestimmten Teil eines Sachgebietes werden.

*Didaktische Funktion:*

◆ Der Informations- und Wissenserwerb in einem Team wird unterstützt, die Schüler erarbeiten sich ein Wissen gemeinsam.

◆ Einzelleistungen werden bei der Arbeit verknüpft und einem gemeinsamen Ziel untergeordnet. Dadurch kommt es zu einer Kooperation.

◆ Es gibt eine Gruppenidentifikation durch das Gefühl der Verantwortung für andere und den Willen zu helfen.

◆ Die Zusammenarbeit in den Gruppen wird gefördert.

◆ Das Selbstvertrauen der Lernenden wird nachweislich gestärkt.

◆ Es führt zu einer erkennbar höheren Wertschätzung der Schüler untereinander, insbesondere gegenüber den schwächeren Gruppenmitgliedern.

◆ Ein höherer Lernerfolg als beim lehrerzentrierten Unterricht wird erreicht.

*Einsatzmöglichkeiten:*

Das Gruppenpuzzle empfiehlt sich besonders für die Einführung neuer Themenbereiche und Unterrichtseinheiten. Ein Großteil der Informationen muss für alle relativ neu sein, da nur so Expertengruppen als solche verstanden werden können.

Die Methode ist nicht geeignet für Übungs- oder Wiederholungsaufgaben und es geht nicht um entdeckendes Lernen oder um Projektunterricht, bei dem die Schüler ihr Themengebiet und ihre Methodik selbst finden. Informationen sollen effektiv vermittelt werden. Es empfiehlt sich, ein Thema zu wählen, das sich von mehreren Seiten beleuchten lässt.

### Ablauf

Vier Phasen

### 1) Einführung

◆ Der Lehrer organisiert Stammgruppen (Kerngruppen, Basisgruppen, Puzzle-Gruppen), die jeweils aus vier bis fünf Kindern bestehen (abhängig von der Klassengröße).

◆ Er führt die Themen, Texte und Materialien ein.

◆ Er erläutert, warum das Thema wichtig ist und wie es mit dem bisher Gelernten zusammenhängt ⇨ ist wichtig für die Motivation der Schüler.

◆ Jedes Gruppenmitglied wählt ein Teilgebiet aus, das es erarbeiten möchte. Alle Gruppenmitglieder haben unterschiedliche Aufgaben.

### 2) Selbststudium

◆ Jeder Schüler bearbeitet seinen Teil des Lehrstoffes in Einzelarbeit. Jeder Schüler bearbeitet also ein Viertel oder Fünftel des gesamten Themengebietes selbstständig.

◆ Kleine Fragen und Aufgaben zur Selbstkontrolle zeigen, ob er das Thema beherrscht. Dies ist wichtig, damit er sich absolut sicher fühlt.

### 3) Expertengruppen

◆ Die Schüler finden sich zu homogenen Gruppen zusammen, d. h. alle Schüler, die das gleiche Teilgebiet ausgewählt haben, bilden eine Expertengruppe.

◆ Die Expertengruppen arbeiten gemeinsam am gewählten Teilgebiet: sie lesen Texte, diskutieren sie, stellen sich gegenseitig Fragen, machen sich Notizen und lösen anstehende Probleme und sollen auf diese Weise viel Sicherheit bekommen, so dass sie sich alle als Experten fühlen.

◆ Am Ende kann eine vom Lehrer vorgegebene Lernkontrolle stehen.

### Didaktische Vorbereitung:

◆ Wichtig ist die Überlegung, wie jeder einzelne anschließend als Experte sein Wissen in seiner Stammgruppe weitergibt. Die Expertengruppen erarbeiten gemeinsam eine ansprechende Präsentation der Inhalte.

◆ Sie besprechen, wie sie ihr Wissen am wirkungsvollsten vermitteln könnten, welche Hilfsmittel sie einsetzen und wie sie die Zeit einteilen wollen.

◆ Sie überlegen sich gemeinsam einige Kontrollfragen, mit denen sie den Erfolg der Mitschüler überprüfen wollen. Es können auch die vom Lehrer vorgegebenen Kontrollfragen und Aufgaben sein.

### 4) Stammgruppen

◆ Die Schüler treffen sich wieder in ihren heterogenen Stammgruppen. In jeder Gruppe sind alle Teilbereiche durch jeweils einen Experten vertreten.

◆ Sie berichten nacheinander über ihre Arbeit in den Expertengruppen und unterrichten als „Lehrende" ihr vorbereitetes Thema.

◆ Jeder weiß, dass er für das eigene Thema verantwortlich ist und dass er das Stoffgebiet so gut vermitteln muss, dass die Gruppenmitglieder eine Prüfung darüber bestehen könnten.

◆ Wichtig ist die Diskussion und Vertiefung der Präsentationen.

◆ Offen gebliebene Fragen müssen geklärt werden, sodass am Ende eines Expertenvortrags jeder Schüler der Stammgruppe den Zusammenhang verstanden hat.

◆ In jeder Stammgruppe findet parallel der gleiche Unterricht statt.

## 5) Evaluationsphase

◆ Das neu erworbene Wissen wird anhand von Kontrollfragen oder einem Gruppenquiz überprüft.

◆ Die Experten interviewen die Teilnehmer ihrer Gruppe darüber wie sie ihr Wissen vermittelt haben.

Die Teilnehmer sind nicht durch Wettbewerb, sondern durch die spezifische Aufgabenstellungen voneinander abhängig. Jeder muss seinen Teil bearbeiten, sonst fehlt im abschließenden Quiz den drei Mitgliedern seiner Gruppe ein entscheidender Teil an Information. Der Einzelne muss aber nicht fürchten, das Gelingen der Gruppe könne durch sein Missverstehen der Informationen scheitern, er gewinnt Sicherheit durch die Expertengruppe.

Das Grundprinzip Kooperativen Lernens: „Besser lernen durch selbst lehren" wird durch diese Methode verfolgt.

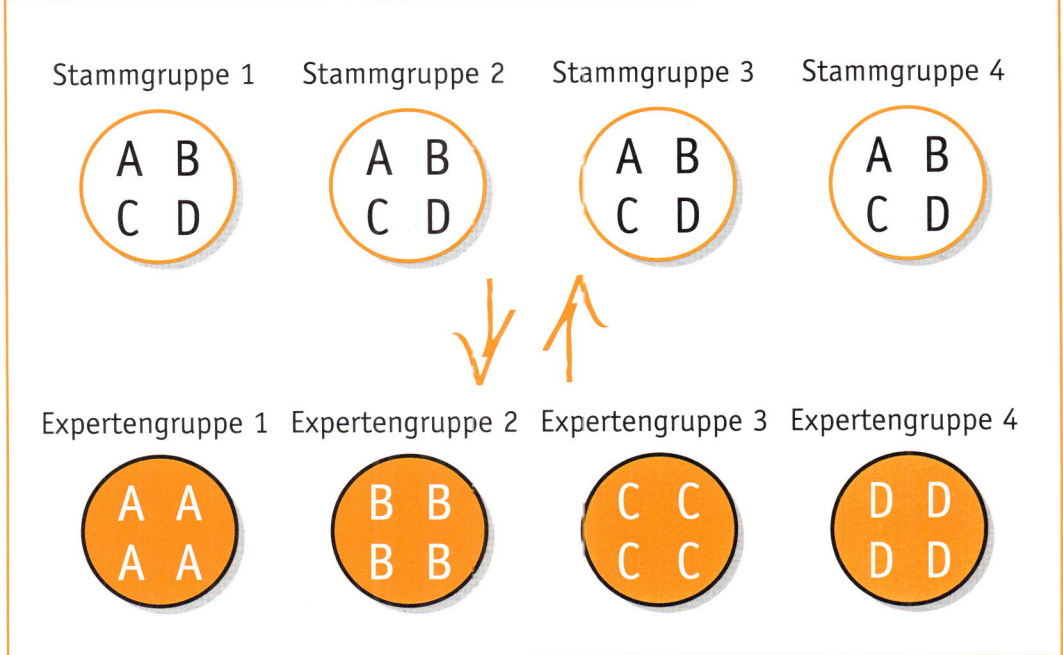

### Team Tournament

*Didaktische Funktion:* Eine Vierergruppe bereitet sich durch abwechselndes Abfragen auf einen Test oder ein Quiz vor.

*Einsatzmöglichkeiten:* Zur Wiederholung von Fakten, zum Beispiel mathematischen Formeln, Multiplikationsreihen oder sachkundlichen Themen mit Jahreszahlen, Größen etc.

*Ablauf:* Jedes Team erhält einen Umschlag mit den Quizfragen und den richtigen Antworten. In jedem Team gibt es einen Frager, einen Antworter, einen Lober und einen Korrigierer.

Der Frager stellt die Quizfrage, der Antworter antwortet und der Lober lobt oder der Korrigierer korrigiert. Nach einer Frage routieren die Rollen, so dass jeder mal fragt, antwortet, etc.

*Unterrichtsbeispiel:* In der Klasse soll nach der Unterrichtseinheit „Indianer" ein Indianerquiz stattfinden. Durch das Team Tournament haben die Kinder die Möglichkeit, sich und ihre Gruppe auf das Quiz vorzubereiten. Die Fragen und richtigen Antworten sind vorher von den Expertengruppen zu den einzelnen Stämmen formuliert worden.

## Methoden zur Selbsteinschätzung und Reflexion

### 3-Finger-Einschätzung

*Didaktische Funktion:* Im Sinne der Selbsteinschätzung (Gruppenevaluation) reflektiert eine Gruppe über ihre Leistung als solche. Diese kann auf fachliche, soziale oder methodische Ziele bezogen sein. Die Schüler lernen, ihre Leistung einzuschätzen und Schwächen zu begegnen.

*Einsatzmöglichkeiten:* Nach jeder Arbeitsphase einer Gruppe, eines Paares oder eines Einzelnen.

*Ablauf:* Nach einer Arbeitsphase einigen sich die Teilnehmer einer Gruppe, ob ihre Leistung in Bezug auf die gefragte fachliche oder soziale Fähigkeit als super (drei Finger), o.k. (zwei Finger) oder gar nicht gut (ein Finger) zu beurteilen ist.

# Unterrichtssequenzen mit eingebetteten kooperativen Methoden

# 12.

## Unterrichtssequenzen in der Jahrgangsstufe 1/2

### Unterrichtsbeispiel: Entwicklung der Lese- und Schreibfähigkeit

Diese Stunde schließt an die gemeinsame Arbeit mit der Saurier-Klassenbibliothek an. Die Schüler haben zu Hause und in der Stadtbücherei reichlich Literatur zum Thema gefunden und während der letzten Stunden gemeinsam oder allein darin gestöbert. Dann werden in Gruppenarbeit Kriterien für eine Saurierkartei gefunden und an einem Beispielsteckbrief festgehalten (Größe, Nahrung, Waffen, Lebenszeit, Besonderheiten). Nun haben die Schüler die Möglichkeit, sich ganz auf ihren Lieblingssaurier zu konzentrieren und für diesen zum Experten zu werden.

Der Schwerpunkt der hier beschriebenen Stunde liegt auf dem Lesen eines Sachtextes und der Vertiefung des Verständnisses durch das Herausfinden und Herausschreiben der gewünschten Informationen für eine Karteikarte in Steckbriefform.

### Aspekte von Kooperativem Lernen in der Stunde

Von den fünf Grundprinzipien des Kooperativen Lernens finden sich in dieser Stunde die folgenden:

**Positive Abhängigkeit**

◆ Ziel (Erstellen einer Saurierkartei für die Klasse)

◆ Ressourcen (ein Text und eine Karteikarte)

◆ Rolle (Aussucher, Diktierer, Schreiber)

◆ Außenkraft (die Zeitvorgabe)

◆ Umgebung (Die Schüler sitzen an einem Tisch nebeneinander, später an einem gemeinsamen Platz auf dem Boden in der Klasse)

◆ Identität (durch den gemeinsamen Saurier, für den man jetzt Experte ist)

**Individuelle Verantwortung** (durch die geteilten Aufgaben des Aussuchens und Schreibens)

**Gruppenevaluation** (durch die 3-Finger-Methode)

**Soziales Lernen** (Die Schüler müssen den Text gemeinsam oder nacheinander lesen, sie müssen hier eine für sie sinnvolle Aufteilung finden)

**Direkte Interaktion** (durch die beschränkten Ressourcen und den Tisch, später den gemeinsamen Platz in der Klasse)

## Ablauf der Stunde

| Phase/Methode | Situations- und Handlungsfolge | Material |
|---|---|---|
| Einstieg | Begrüßung und Überblick über die Stunde/Ablauf- und Zieltransparenz | Symbolkarten |
| Verabredungskalender | **Finde deinen 3-Uhr-Partner auf deinem Verabredungskalender ⇨ Numbered Heads** Gemeinsam mit deinem Partner sollst du den Text genau lesen und die Informationen heraussuchen, die ihr für die Karteikarte braucht. Schreibt diese Informationen mit Bleistift auf die Karte. Achtet darauf, dass ihr so schreibt, dass es später jeder lesen kann. Wenn ihr fertig seid, zeigt das mit eurer Hand, damit ihr euch dann mit zwei anderen treffen könnt, die auch fertig sind. Stellt ihnen mit Hilfe der Karte euren Saurier vor. Erzählt auch, wie ihr eure Karte noch gestalten wollt. Beantwortet Fragen zu eurem Saurier. Arbeitsteilung unter den Partnern <br>◆ Nr. 1+2 entscheiden sich für einen Text (Schwierigkeitsgrad) <br>◆ Nr. 1+2 lesen den Text <br>◆ Nr. 2 sucht die Information für den ersten Punkt der Karteikarte heraus und diktiert sie Nr. 1 <br>◆ Nr. 1 schreibt diese Information auf die Karte <br>◆ Nr. 1 sucht die Information für den zweiten Punkt der Karteikarte heraus und diktiert sie Nr. 2 <br>◆ Nr. 2 schreibt diese Information auf die Karte <br>Und so fort. | Verabredungs-kalender Symbolkarten Tafelbild Karteikarten Texte |
| Think-Pair-Square | **Schüler lesen die Texte und füllen ihre Karteikarten aus** | |
| Pair-Square | ◆ Schüler treffen sich mit einem weiteren Paar an einem selbst gewählten Ort in der Klasse <br>◆ Präsentieren den neuen Partnern ihre Karteikarte <br>◆ Erzählen, wie sie ihre Karte noch gestalten möchten <br>◆ Beantworten Fragen zu ihrer Karte | |
| Reflexion | **3-Finger-Reflexion bezogen auf Zieltransparenz** | |

## Ziele der Stunde

**Fachliche Ziele:**

◆ Zu vielen Gelegenheiten und Anlässen schreiben

◆ Eigene Texte in Druckschrift formklar und flüssig schreiben

◆ Sachverhalte und Begebenheiten aufschreiben

◆ Einem Text einfache Informationen entnehmen

◆ Sachbezogenes Schreiben

◆ Genau lesen

◆ Zeilenübergreifend lesen

◆ Textstellen finden

◆ Die heraus gelösten Informationen ordnen und in einer neuen Darstellung zusammenfassen und festhalten

◆ Texte werten (das eigene Textverständnis und das anderer klären)

◆ Sich auf Texte einlassen (Textverständnis durch verbale und nonverbale Äußerungen zeigen, Austausch zwischen den Mitlesern)

◆ Texte untersuchen, Zugänge und Methoden erwerben, die die Möglichkeit von Textverständnis ausbauen, Verständnisschwierigkeiten überwinden

◆ Sich über ihren Text mit einem Partner unterhalten und die benötigten Informationen für die Kartei heraussuchen

◆ Schwere Wörter innerhalb eines Textes erkennen und ihren Sinn mit Hilfe des Gesamtzusammenhangs erschließen

◆ Texte nutzen, aus ihnen Informationen entnehmen; „informierend lesen"

◆ Informationen geben und sich Informationen einholen

◆ Einen authentischen oder veränderten Sachtext lesen und den Inhalt verstehen

**Methodische Ziele:**

◆ Symbolkarten kennen

◆ Verabredungskalender benutzen

◆ Partner aus dem Verabredungskalender finden und sich mit ihm einen Platz zu suchen

◆ Arbeit aus der Zweiergruppe in einer Vierergruppe zu präsentieren

◆ Arbeitsteilung gemäß der Rollenverteilung einhalten

◆ Sich abwechseln

◆ Rollenverteilung einhalten

◆ Eigene Arbeit bezogen auf die Kooperation mit dem Partner selbst einschätzen

**Sozialziele:**

◆ Sich auf einen Partner einlassen

◆ Einander zuhören

◆ Sich gegenseitig in angemessener Form verbessern

◆ Sich gegenseitig loben

◆ Frage der Arbeitsteilung teils geleitet, teils selbstentscheidend lösen

◆ Sich dem Partner und dem Material gegenüber rücksichtsvoll zu verhalten

◆ Ergebnisse eigener Arbeit schätzen und anderen darüber berichten

◆ Anderen Gruppen bei der Präsentation ihrer Texte zuhören

◆ Sich in der Klasse an vereinbarte Regeln zum Zuhören und leisen Bewegen halten

## Tafelbild:

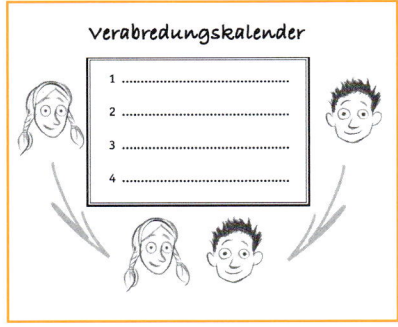  

## Rollenverteilung:

1+2 (Beide Partner: Text aussuchen)

1+2 (Beide Partner: Text lesen)

2 (Partner 2: Namen des Dinos im Text finden und diktieren)

1 (Partner 1: Namen des Dinos auf Karteikarte eintragen)

1 (Partner 1: Größe des Dinos finden und diktieren)

2 (Partner 2: Größe des Dinos auf Karteikarte eintragen)

**Unterrichtsbeispiel: Schwerpunkt Mathematik**

Thema: Addieren mit Zehnerüberschreitung

*Ziel:* Die Schüler sollen in dieser Stunde das gerade besprochene Rechnen mit Zehnerübergang üben. Besonders wichtig ist hier das Ausprobieren verschiedener Strategien und das Versprachlichen des eigenen Rechenweges.

*Methode:* Pair-Check

Aspekte von Kooperativem Lernen in der Stunde

Von den fünf Grundprinzipien des Kooperativen Lernens finden sich in dieser Stunde die folgenden:

**Positive Abhängigkeit**

◆ Ziel (gemeinsames Ziel ist es, beide Seiten des Arbeitsblattes fertig zu rechnen)

◆ Ressourcen (Es gibt nur ein Arbeitsblatt pro Paar)

◆ Rolle (abwechselnd Rechner, Zuhörer und Lober)

◆ Außenkraft (die Zeitvorgabe)

◆ Umgebung (Die Schüler sitzen an einem Tisch nebeneinander)

**Individuelle Verantwortung** (Durch die Aufteilung der Seiten, jeder ist für eine Seite auf dem Arbeitsblatt zuständig)

**Gruppenevaluation** (durch die 3-Finger-Methode)

**Soziales Lernen** (Genaues Zuhören, Loben oder angemessen Verbessern sind soziale Fähigkeiten, die Bedingung für die gemeinsame Arbeit sind)

**Direkte Interaktion** (durch die beschränkten Ressourcen und den Tisch)

## Ablauf der Stunde

| Phase/Methode | Situations- und Handlungsfolge | Material |
|---|---|---|
| **Einstieg** | **Begrüßung, Ziel- und Ablauftransparenz mit Piktogrammen**<br><br>Heute üben wir noch mal das Rechnen über den Zehner. Ihr tut das gemeinsam mit einem Partner. Der Partner soll gut zuhören, wie ihr rechnet. Dafür müsst ihr genau erklären, wie ihr vorgeht. Wenn ihr richtig gerechnet habt, soll der Partner loben und einen Haken hinter das Ergebnis machen. Wenn ihr nicht weiterkommt, soll euer Partner euch helfen. | Symbolkarten für U-Ablauf |
| **Aufgabenstellung** | Ein Paar bekommt immer ein Blatt. Auf der einen Seite rechnet Partner 1 und auf der anderen Partner 2:<br><br>1- fängt an und rechnet die erste Aufgabe. Erklärt, wie er rechnet<br><br>2- hört zu, verbessert, lobt<br><br>1- schreibt sein Ergebnis auf<br><br>2- rechnet die erste Aufgabe auf seiner Seite<br><br>1- hört zu, verbessert, lobt<br><br>2- schreibt sein Ergebnis auf<br><br>Und so fort | Symbolkarten für Rollenverteilung |
| **Pair-Check** | Schüler<br>◆ rechnen abwechselnd<br>◆ erklären sich gegenseitig ihre Rechenwege<br>◆ verbessern und loben sich | Arbeitsblatt in Pair-Check-Format |
| **Reflexion** | Mit der 3-Finger-Reflexion schätzen die Kinder ein:<br>➡ So haben wir uns gelobt<br>➡ So haben wir zusammengearbeitet<br>➡ So haben wir uns verbessert | |

## Ziele der Stunde

◆ Einander zuhören

◆ Sich gegenseitig loben

◆ Sich gegenseitig in angemessener Form verbessern

◆ Den eigenen Rechenweg erklären

◆ Eigene Lösungswege finden und ausprobieren

◆ Addieren mit Zehnerüberschreitung

◆ Sich abwechseln

◆ Die Rollenverteilung einhalten

## Unterrichtssequenzen in der Jahrgangsstufe 3/4

### Unterrichtsbeispiel: Sachunterricht

### Bereich: „Leben in aller Welt"

### Thema: „Leben bei den Hopi-Indianern"

In den nächsten Stunden sollen die Schülerinnen und Schüler sich mit verschiedenen Stämmen befassen. Als Vorbereitung wird in dieser Stunde ein Stamm ausführlich besprochen.

### Informationsbereiche:

- Jagd und Ernährung (A)

- Kleidung (B)

- Behausung (C)

- Spiele (D)

Die Schüler sitzen in Vierergruppen zusammen.

## Aspekte von Kooperativem Lernen in der Stunde

Von den fünf Grundprinzipien des Kooperativen Lernens finden sich in dieser Stunde die folgenden:

### Positive Abhängigkeit

◆ **Ziel** (alle Mitglieder der Stammgruppe sollen alle Informationen erhalten)

◆ **Rolle** (Zeitnehmer, Materialmanager, Flüsterstimmenchef)

◆ **Außenkraft** (die Zeitvorgabe)

◆ **Umgebung** (Die Schüler sitzen an einem Tisch)

### Individuelle Verantwortung (Weil jedes Mitglied für die Information seiner Mitschüler über sein Thema verantwortlich ist)

### Gruppenevaluation (mit Hilfe vorgegebener Satzanfänge)

### Soziales Lernen (Die Schüler stellen sich nicht nur auf die Mitglieder ihrer Stammgruppe, sondern auch auf die der Expertengruppe ein. Hier müssen sie sich über die Auswahl der Informationen einig werden. In ihrer Stammgruppe müssen sie dafür sorgen, dass jedes Mitglied die Informationen verstanden hat)

### Direkte Interaktion

## Ablauf der Stunde

| Phase/Methode | Situations- und Handlungsfolge | Material |
|---|---|---|
| Einstieg | **Begrüßung, Ziel- und Ablauftransparenz mit Piktogrammen** | Symbolkarten |
| Aufgabenstellung | Heute wollen wir einen Stamm besonders gut kennen lernen.<br><br>Dafür habe ich die Informationen in vier Bereiche aufgeteilt:<br>◆ Jagd und Ernährung (A)<br><br>◆ Kleidung (B)<br><br>◆ Behausung (C)<br><br>◆ Spiele (D)<br><br>In eurer Stammgruppe teilt ihr euch auf.<br>Nr. 1 liest Text a<br>Nr. 2 liest Text b<br>Nr. 3 liest Text c<br>Nr. 4 liest Text d<br><br>Dann treffen sich alle Schüler mit der Nr. 1 in einer neuen Gruppe und tauschen sich über die Texte aus. Eure Aufgabe ist es, die Informationen so aufzubereiten, dass ihr eurer Stammgruppe einen kurzen Vortrag darüber halten könnt. | Lesetexte<br>Tafelbild mit Symbolkarten |
| Jigsaw | Schüler<br>◆ Lesen die Informationen in Einzelarbeit<br><br>◆ Treffen sich in den Expertengruppen<br><br>◆ Kehren in die Stammgruppen zurück<br><br>◆ Tauschen die Informationen aus/fragen nach | |
| Quiz | Lehrer stellt das Gruppenquiz vor, in dem immer ein Schüler der Gruppe (Nr. 1–4) eine Frage zu den Hopi beantworten muss. | |
| Reflexion | Nach dem Quiz schätzen die Schüler ihre Zusammenarbeit mit Hilfe folgender Satzanfänge ein:<br><br>In unserer Gruppe war die Stimmung gut, weil ...<br><br>In unserer Gruppe haben wir uns gegenseitig informiert, indem wir ...<br><br>Die Vorträge der einzelnen Mitglieder waren ...<br><br>Das Quiz hat gut geklappt, weil ... | Satzanfänge |

## Ziele der Stunde

**Lernziele fachlich:**

◆ Einem Text Informationen entnehmen

◆ Genau lesen

◆ Zeilenübergreifend lesen

◆ Textstellen finden

◆ Texte werten, das eigene Textverständnis und das anderer klären

◆ Sich auf Texte einlassen (Textverständnis durch verbale und nonverbale Äußerungen zeigen, Austausch zwischen den Mitlesern)

◆ Texte untersuchen, Zugänge und Methoden erwerben, die die Möglichkeit von Textverständnis ausbauen, Verständnisschwierigkeiten überwinden

◆ Sich über ihren Text mit einem Partner unterhalten

◆ Texte nutzen, aus ihnen Informationen entnehmen; „informierend lesen"

◆ Informationen geben und sich Informationen einholen

◆ Einen authentischen oder veränderten Sachtext lesen und den Inhalt verstehen

**Lernziele methodisch:**

◆ Sich in Einzelarbeit mit einem Text auseinandersetzen

◆ Sich mit anderen über Informationen aus dem Text austauschen

◆ Sich auf wichtige Elemente einigen

◆ Mitglieder der Stammgruppe informieren

◆ Erklären, nachfragen, um Hilfe bitten

**Lernziele sozial:**

◆ Sich auf unterschiedliche Partner und Gruppen einlassen

◆ Anderen zuhören

◆ Die eigene Meinung vertreten

◆ Einen Konsens finden

◆ Verantwortung für die Information der Gruppenmitglieder übernehmen

## Unterrichtsbeispiel: Förderung der Lesekompetenz

**Thema der Einheit: Unsere Haustiere**

**Thema der Stunde: Durchführung des Haustierquiz**

Diese Stunde kann als Abschluss des Themas „Haustiere" durchgeführt werden. In vorangegangenen Stunden beschäftigten sich die Kinder in Gruppen mit bestimmten Haustieren, beschafften Informationen, gestalteten Lernplakate zu „ihrem" Haustier und entwickelten knifflige Quizfragen, für deren Beantwortung man das Lernplakat sehr genau betrachten und die Informationen darauf finden muss. Methodisch steht die Methode „Team Tournament" im Mittelpunkt. Sie ist etwas kompliziert, also nur in Klasse 3, 4 durchzuführen, ihre Erfolge auf dem Gebiet der Sicherung von Informationen sind aber immens, so dass sich der Aufwand lohnt. Ein Großteil der Vorbereitung wird außerdem von den Schülern getragen, sie stellen die Informationen und Quizfragen zur Verfügung, sie werten die Fragebögen aus.

Die Schüler sind in Vierergruppen eingeteilt.

### Aspekte von Kooperativem Lernen in der Stunde

Von den fünf Grundprinzipien des Kooperativen Lernens finden sich in dieser Stunde die folgenden:

**Positive Abhängigkeit**

◆ **Ziel** (Kenntnis aller Informationen, um das Quiz meistern zu können)

◆ **Belohnung** (Die Gewinnergruppe des Quiz bekommt einen Preis)

◆ **Reihenfolge** (Die Reihenfolge wer fragt, antwortet, lobt ist festgelegt)

◆ **Ressourcen** (ein Text pro Gruppe)

◆ **Rolle** (Frager, Antworter, Lober/Verbesserer)

◆ **Außenkraft** (die Zeitvorgabe)

◆ **Umgebung** (Die Schüler sitzen an einem Tisch nebeneinander)

**Individuelle Verantwortung** (Jeder Teilnehmer übernimmt Verantwortung für den Erfolg beim Quiz, weil jeder mal fragt und die Antwort kontrolliert)

**Gruppenevaluation** (durch den Austausch mit dem Partner aus dem Verabredungskalender)

**Soziales Lernen** (Die Schüler müssen sich auf verschiedene Partner einlassen, sie tragen durch Zuhören, Helfen, Verbessern und Loben dazu bei, dass alle Teammitglieder fit für das Quiz sind)

**Direkte Interaktion** (durch die beschränkten Ressourcen und den Tisch, später den gemeinsamen Platz in der Klasse)

## Ablauf der Stunde

| Phase/Methode | Situations- und Handlungsfolge | Material |
| --- | --- | --- |
| Einstieg | Begrüßung, Ziel- und Ablauftransparenz | Symbolkarten |
| Aufgabenstellung | Bitte stellt eure Lernplakate, die Quizfragen und die vier Antwortbögen für die anderen Schüler bereit.<br><br>Jede Gruppe zieht nun an einen anderen Tisch um, studiert deren Lernplakat und beantwortet die Quizfragen. Dabei geht ihr so vor (Lehrer demonstriert es an einem Tisch):<br><br>1- liest die Frage vor<br>2- beantwortet die Frage<br>3- lobt oder verbessert<br>4- achtet auf die Zeit<br><br>Bei der nächsten Frage:<br>2- liest die Frage vor<br>3- beantwortet<br>4- lobt und verbessert<br>1- achtet auf die Zeit<br>Und so fort | **Tafelbild mit Rollenverteilung**<br>**Lernplakate**<br>**Quizfragen**<br>**Antwortbögen** |
| Team Tournament | Schüler führen an ein bis zwei Tischen das Team Tournament durch | |
| Reflexion im Verabredungs- kalender | Trefft euch jetzt mit eurer 4-Uhr-Verabredung und berichtet, wie die Arbeit in der Gruppe funktioniert hat.<br>Berücksichtigt folgende Fragen:<br>1. Wie hat die Arbeitsaufteilung geklappt?<br>2. Wie habt ihr die Informationen gefunden?<br>3. Waren die Fragen zu leicht/zu schwer?<br>4. Was habt ihr getan, wenn es Probleme gab? | **Verabredungs- kalender** |

## Ziele der Stunde

**Lernziele fachlich:**

◆ Quizfragen lesen und beantworten

◆ Informationen in neuen Zusammenhängen abrufen

◆ Andere informieren

◆ Kontakt zu anderen aufnehmen und gestalten

◆ Andere zu Ende sprechen lassen

◆ Spontan Verständnis zeigen durch sprachliche und nicht-sprachliche Rück-meldungen

◆ Gezielt zuhören und nachfragen

◆ Einen Auftrag verstehen und ausführen

◆ Sich über Sachen verständigen: etwas mitteilen oder erklären, Informationen weitergeben

◆ Zu anderen sprechen, um sie zu etwas zu veranlassen: sie auffordern etwas zu tun, um Hilfe bitten, Mut machen

◆ Eigene Ideen vorstellen und begründen

◆ Die Ideen anderer begründet annehmen bzw. ablehnen

◆ Gemeinsam etwas planen

**Lernziele methodisch:**

◆ Die Reihenfolge einhalten

◆ Sich ggfs. am Tafelbild (Rollenverteilung) orientieren

**Lernziele sozial:**

◆ Anderen zuhören

◆ Loben

◆ Verbessern

◆ Helfen ohne vorzusagen

◆ Etwas erklären

◆ Probleme der Zusammenarbeit erkennen und artikulieren

◆ Eigene Lösungen finden

  Als Abschluss der Einheit kann ein Test über die Haustiere durchgeführt werden. Basis sind die Quizfragen der Schüler.

**Unterrichtsbeispiel: Leseerfahrungen/schriftlicher Sprachgebrauch**

Thema der Einheit: Das Vamperl

Thema der Stunde: Wir schreiben eine Inhaltsangabe zum ersten Kapitel

Das Schreiben von Inhaltsangaben ist nicht nur Element der Verarbeitung von Leseverstehen in der Grundschule, die knappe Wiedergabe der wichtigsten Teile eines längeren Textes wird auch in anderen Fächern benötigt. Sie stellt eine wesentliche Voraussetzung für das Schreiben von Interpretationen oder das Halten von Referaten in der weiterführenden Schule dar.

In den vergangenen Stunden wurden anhand des ersten Kapitels Kriterien für eine gute Inhaltsangabe gesammelt:

◆ Sie sollte kurz sein (nicht länger als eine halbe Seite)

◆ Die wichtigsten Ereignisse und Personen aus dem Kapitel müssen erklärt werden

◆ Keine ausschmückenden Formulierungen

◆ Keine wörtliche Rede

In den folgenden Stunden soll zu jedem neuen Kapitel, das zu Hause erlesen wurde, eine Inhaltsangabe verfasst werden. Viele der Schüler wären mit dieser Aufgabe überfordert, doch durch die kooperative Erarbeitung der zentralen Elemente ist das Schreiben einer guten Inhaltsangabe für alle möglich geworden.

### Aspekte von Kooperativem Lernen in der Stunde

Von den fünf Grundprinzipien des Kooperativen Lernens finden sich in dieser Stunde die folgenden:

#### Positive Abhängigkeit

◆ **Ziel** (Herausfiltern aller wichtigen Ereignisse für eine gute Inhaltsangabe)

◆ **Reihenfolge** (Erst schreibt jeder allein, dann stellt jeder der Reihe nach seine Ergebnisse vor)

◆ **Ressourcen** (ein Placemat pro Gruppe)

◆ **Rolle** (Schreiber, Flüsterstimmenchef, Zeitnehmer)

◆ **Außenkraft** (die Zeitvorgabe)

◆ **Umgebung** (Die Schüler sitzen an einem Tisch nebeneinander)

#### Individuelle Verantwortung (Jeder muss auf seinen Teil der Placemat mindestens ein wichtiges Ereignis aus dem Kapitel schreiben)

#### Gruppenevaluation (durch den Austausch mit dem Partner aus dem Verabredungskalender)

#### Soziales Lernen (Die Schüler müssen sich auf verschiedene Partner einlassen)

#### Direkte Interaktion (durch die beschränkten Ressourcen und den Tisch)

## Ablauf der Stunde

| Phase/Methode | Situations- und Handlungsfolge | Material |
|---|---|---|
| **Einstieg** | Begrüßung, Ziel- und Ablauftransparenz | **Symbolkarten** |
| **Aufgabenstellung** | Zuerst schreibt jeder auf seinen Teil des Placemats, was er findet, das in die Inhaltsangabe soll. Erinnert euch: nur das Wichtigste aus dem Kapitel soll rein. Dann stellt ihr euch gegenseitig eure Ergebnisse vor. Jeder hat drei Minuten zum Sprechen. Dann einigt euch auf fünf Ereignisse, die in eurer Inhaltsangabe vorkommen und schreibt sie in Stichworten in die Mitte des Blattes. Zuletzt kann jeder seine eigene Inhaltsangabe mit Hilfe der gefundenen wichtigsten Ereignisse schreiben. Die Rollen in den Gruppen: 1- Schreibt am Ende in die Mitte 2- Flüsterstimmenchef 3- Zeitnehmer | **Tafelbild mit Rollenverteilung** **Placemats** |
| **Placemat** | Schüler erarbeiten mit Hilfe des Placemats die wichtigsten Elemente des Kapitels für die Inhaltsangabe. | |
| **Reflexion im Verabredungs-kalender** | Trefft euch jetzt mit eurer 4-Uhr-Verabredung und berichtet, wie die Arbeit in der Gruppe funktioniert hat. Berücksichtigt folgende Fragen: 1. Wie hat die Arbeitsaufteilung geklappt? 2. Wie habt ihr die Informationen gefunden? 3. Konntet ihr euch einigen? 4. Was habt ihr getan, wenn es Probleme gab? | **Verabredungs-kalender** |

## Ziele der Stunde

**Lernziele fachlich:**

◆ Wichtige Informationen aus dem Text finden

◆ In Stichworten aufschreiben

◆ Die Reihenfolge der Ereignisse verstehen und wiedergeben

**Lernziele methodisch:**

◆ Die eigenen Ergebnisse vorstellen

◆ Die zeitlichen Vorgaben einhalten

◆ Eine Rolle innerhalb der Gruppenarbeit einnehmen

**Lernziele sozial:**

◆ Allein arbeiten ohne die anderen zu stören

◆ Anderen zuhören

◆ Die eigenen Ideen vertreten

◆ Einen Kompromiss finden

◆ Probleme und Erfolge in der Gruppe artikulieren

## Schwerpunkt: Englisch

Im Englischunterricht der Grundschule steht die Ermöglichung von Kommunikation im Mittelpunkt. Für das Einüben kommunikativer Fertigkeiten eignen sich die Techniken des Kooperativen Lernens sehr gut. In den Partner- und Kleingruppenübungen lernen die Schüler, sich auf immer wieder neue Partner einzulassen und mit diesen eine (hier: kommunikative) Aufgabe zu erfüllen.

Die Schüler sollen befähigt werden, ihre Anliegen mit Hilfe der bekannten Strukturen auszudrücken und auf die Anweisungen, Fragen oder Anliegen eines Gegenübers einzugehen. Dabei wird im herkömmlichen Unterricht viel zu oft der Lehrer als häufigster Sprechpartner in frontalen Unterrichtssituationen gewählt. Für die Schüler ist es aber wichtig, unterschiedlichen Sprechern zuzuhören, bei Nichtverstehen nachzufragen oder den Zuhörern das Verständnis der eigenen Aussage mit Hilfe von Mimik und Körpersprache zu erleichtern. Im Zwiegespräch mit einem Mitschüler fühlen sie sich sicherer als vor der ganzen Klasse. Nach unserer Erfahrung schleichen sich auch in der Partnerarbeit keine Fehler ein, wie das vermutet werden könnte; im Gegenteil, die Schüler verbessern sich gegenseitig in Wortwahl und vor allem Aussprache viel kritischer als wir als Lehrer das oft täten. Gelingt es den Schülern nach einigem Training, die Verbesserungen in einer sozial verträglichen Weise vorzubringen (Soziales Ziel: Jemandem helfen) und Hilfe auch von den Mitschülern anzunehmen, kommt es in diesen Partner- und Gruppenarbeiten zu sehr fruchtbaren Momenten für den Spracherwerb.

## Unterrichtsbeispiel Englisch: „Our dream menu"

Thema der Einheit: Food and drink/days of the week

Thema der Stunde: Our dream menu

Kooperative Methode: Doppelkreis, Think-Pair-Square

In der hier beschriebenen Stunde sollen die Schüler vom bloßen Aneinanderreihen der Wochentage zu einem kommunikativen Gebrauch dieser kommen. Sie werden mit dem Themengebiet „food and drink" verknüpft und in einen neuen Zusammenhang gestellt.

### Aspekte von Kooperativem Lernen in der Stunde

Von den fünf Grundprinzipien des Kooperativen Lernens finden sich in dieser Stunde die folgenden:

#### Positive Abhängigkeit

◆ **Ziel** (Erstellen eines gemeinsamen Traumspeiseplans)

◆ **Ressourcen** (ein Speiseplan pro Gruppe)

◆ **Außenkraft** (die Zeitvorgabe)

◆ **Umgebung** (Die Schüler sitzen an einem Tisch nebeneinander)

#### Soziales Lernen (Die Schüler müssen sich auf verschiedene Partner einlassen, sie tragen durch Zuhören, Helfen, Verbessern und Loben dazu bei, dass beide Partner den Traumspeiseplan vortragen können)

#### Direkte Interaktion (Durch die beschränkten Ressourcen und den Tisch, später den gemeinsamen Platz in der Klasse)

## Ablauf der Stunde

| Phase/Methode | Verlauf/Arbeitsanweisung | Material |
|---|---|---|
| **Einstieg/Überblick** | *Today we´ll talk about what the animals like to eat on the different days of the week. But before, let´s see if you can remember all the days of the week.*<br><br>*We start off by meeting in the carousel, then we meet in the circle and then you go back and work with a partner.* | **Symbolkarten** |
| **Wiederholung/ Doppelkreis** | Schüler treffen sich mit verschiedenen Partnern im Doppelkreis und versuchen, die sieben Wochentage zu erinnern und die Kalenderblätter in die richtige Reihenfolge zu bringen. | **Kalenderblätter mit Wochentagen** |
| **Kreis/Storytelling** | Das Buch „Today is Monday" wird unter Einbeziehung von Schüleräußerungen betreffend ihrer Vorerfahrungen und unter zuhilfenahme der Redundanz des Buches erarbeitet. | **„Today is Monday" von Eric Carle** |
| **Partnerarbeit** | *Now we know what the animals like to eat. But I want to know what you like to eat!*<br><br>*Sit together with you partner and come up with your dream menu. Write down what you like to have on Monday...*<br><br>*On Mondays we have pizza.*<br><br>*On Tuesdays we have spaghetti.*<br><br>Die Schüler erstellen in Partnerarbeit ihren Traumspeiseplan für eine Woche. | **Kopiervorlage: Our Dream Menu** |
| **Pair-Square** | *Practice reading your dream menu. When you´ve finished, tell your friends at the table about your dream menue.*<br><br>Schüler stellen an ihren Tischen ihre Traumspeisepläne vor. | |
| **Reflexion** | Schüler reflektieren die Stunde mit Hilfe von Reflexionsbögen. | **Reflexionsbögen** |

## Ziele der Stunde

**Lernziele fachlich:**

◆ Der Ablauftransparenz der Stunde in Englisch folgen

◆ Die sieben Wochentage aus dem Gedächtnis in der richtigen Reihenfolge und in richtiger Aussprache aufsagen und die Kalenderblätter in die richtige Reihenfolge bringen

◆ Sich mit Hilfe ihres Partners und der Kalenderblätter die Wochentage wieder ins Gedächtnis rufen

◆ Die Wochentage mit Hilfe ihres Partners zunehmend korrekter aussprechen

◆ Den Inhalt der Geschichte mit Hilfe von Mimik und Gestik sowie der bekannten Strukturen verstehen

◆ Wiederkehrende Strukturen im Verlauf des Buches mitsprechen

◆ Die Namen der vorkommenden Tiere z. T. erinnern, z. T. neu kennen lernen

◆ Die Bezeichnungen der Nahrungsmittel z. T. erinnern, z.T. neu kennen lernen

◆ Die Schüler sind aktiv beteiligt an der Erarbeitung der Geschichte durch ...

• Anstellen von Vermutungen über den Fortgang der Geschichte

• Einsagen bekannter Strukturen (Tiere, Nahrung, Wochentage)

• Mitsprechen der redundanten Strukturen der Geschichte

• Spontane Äußerungen

Die Schüler

◆ beziehen anhand eines eigenen Traumspeiseplans die gelernten Strukturen auf die eigene Lebenswirklichkeit

◆ helfen ihrem Partner bei der Partnerarbeit bei der Formulierung seiner Wünsche und beim Finden der passenden englischen Wortbilder in den eigenen Unterlagen

◆ erinnern sich an bekannte Strukturen und Wortmaterial aus dem Bereich „food"

◆ erinnern sich an bekannte Strategien zum Auswendiglernen und können diese auf die Situation beziehen, sie anwenden

◆ tragen ihren Traumspeiseplan flüssig, lautrichtig und selbstbewusst einem neuen Partner vor

◆ können ihre Fortschritte, Erfolge und Probleme im Reflexionsbogen festhalten

◆ können sich dabei auch auf die in der Zieltransparenz formulierten Ziele beziehen

**Lernziele methodisch**

Die Schüler

◆ kennen die Symbolkarten für den Unterrichtsverlauf

◆ benutzen den Doppelkreis

◆ halten die Gesprächsregeln im Kreis ein

◆ wechseln sich bei der Partnerarbeit ab

◆ treffen sich in einer Vierergruppe

◆ tragen etwas selbstbewusst vor

**Lernziele sozial:**

◆ Neue Partner freundlich begrüßen

◆ Sich helfen lassen und anderen helfen

◆ Dem Partner zuhören

◆ Vorschläge des Partners aufnehmen

◆ Eigene Wünsche äußern

# How did I do?

## Our dream menu - bitte ankreuzen  X !

| | ☺ gut | 😐 mittel | ☹ fast nie |
|---|---|---|---|
| Ich konnte mich an die Wochentage erinnern. | | | |
| Ich habe die Geschichte *Today is Monday* verstanden. | | | |
| In der Partnerarbeit konnte ich meine Meinung sagen. | | | |
| In der Partnerarbeit konnte ich die Meinungen meines Partners anhören. | | | |
| Ich konnte bei der Sache bleiben und ließ mich nicht ablenken. | | | |
| Ich konnte meinen Partner um Hilfe bitten, wenn ich etwas nicht verstanden hatte oder ein Wort nicht kannte. | | | |
| Ich habe meinem Partner geholfen, wenn er Probleme hatte. | | | |
| Ich habe meine Aufgabe zu Ende geführt. | | | |
| Ich konnte unseren Traumspeiseplan vortragen. | | | |

**Diese Aufgabe hat mir am meisten Spaß gemacht:**

_____

**Diese Aufgabe fand ich am schwersten:**

_____

## Unterrichtsbeispiel Englisch: „What time is it?"

Thema der Einheit: What time is it?

Thema der Stunde: Wir üben die Uhrzeiten

Kooperative Methode: Verabredungskalender, Pair-Check

### Aspekte von Kooperativem Lernen in der Stunde

Von den fünf Grundprinzipien des Kooperativen Lernens finden sich in dieser Stunde die Folgenden:

**Positive Abhängigkeit**

◆ **Ziel** (das Arbeitsblatt in der vorgegebenen Zeit bearbeiten)

◆ **Rolle** (abwechselnd Schreiber und Lober)

◆ **Ressourcen** (ein Arbeitsblatt pro Paar)

◆ **Außenkraft** (die Zeitvorgabe)

◆ **Umgebung** (die Schüler sitzen an einem Tisch nebeneinander)

**Soziales Lernen** (Die Schüler müssen sich auf verschiedene Partner einlassen, sie tragen durch Zuhören, Helfen, Verbessern und Loben dazu bei, dass das Arbeitsblatt richtig ausgefüllt wird)

**Direkte Interaktion** (durch die beschränkten Ressourcen und den Tisch)

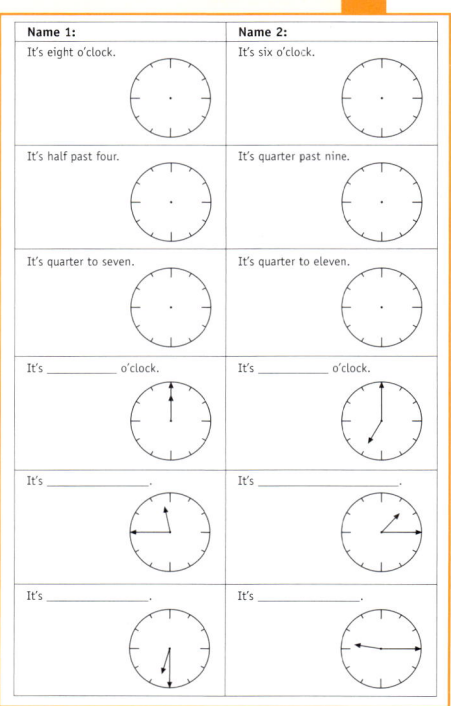

## Ablauf der Stunde

| Phase/Methode | Verlauf/Arbeitsanweisung | Material |
|---|---|---|
| **Einstieg** | *Today we´ll talk about the time once again. Take out your paper clocks please.*<br><br>*It´s five o´clock.* Schüler stellen die genannte Uhrzeit auf ihren Papieruhren ein.<br><br>Ein Schüler sagt die nächste Uhrzeit an, alle Schüler stellen ihre Papieruhren.<br><br>Papieruhren der Schüler. | **Papieruhren der Schüler** |
| **Wiederholung/ Partnerarbeit** | *Now let´s meet with a partner. Take out your appointment calendar and meet with your 4 o´clock partner. You can also ask "a quarter to and a quarter past"*<br><br>Schüler treffen sich mit ihrem Partner und sagen sich gegenseitig Uhrzeiten an, die auf den Papieruhren eingestellt werden. | **Verabredungs-kalender** |
| **Partnerarbeit/ Pair-Check** | Je nach Hörverstehenskompetenz wird die Aufgabe in Englisch oder in Deutsch erklärt. Ist das Format erst einmal bekannt, können die Rollen gut in Englisch erklärt werden, besonders mit Hilfe von Piktogrammen.<br><br>*Let´s find out how well you know the clock.*<br><br>*Look at the worksheet.*<br><br>*Nr 1 starts and draws the right time.*<br><br>*Nr 2 checks if it´s right and helps. If it´s right, you can say: Good, super.*<br><br>*Than it´s Nr 2´s turn. He draws the right time in the next column.*<br><br>*Nr 1 checks if it´s right and says ok, good or super.*<br><br>Schüler bearbeiten abwechselnd in Partnerarbeit das Arbeitsblatt. | **Kopiervorlage: Pair-Check „Time** |
| **Pair-Square** | *Check your answers with the couple at your table.*<br><br>Schüler kontrollieren ihre Angaben in der Vierergruppe. | |
| **Reflexion** | Schüler reflektieren die Stunde mit Hilfe der 3-Finger-Reflexion | |

## Ziele der Stunde

### Lernziele fachlich:

◆ Die vollen und halben Uhrzeiten in Englisch kennen (besonders im Unterschied zum Deutschen half past = halb)

◆ Sich mit Hilfe ihres Partners und der Papieruhren auch die Viertelstunden (quarter to, quarter past) wieder ins Gedächtnis rufen

◆ Die Uhrzeiten mit Hilfe ihres Partners zunehmend korrekter aussprechen

◆ Die Uhrzeit auch nach schriftlichem Vorbild richtig eintragen

◆ Die englischen Zahlen nach Vorlage richtig schreiben

◆ Fortschritte, Erfolge und Probleme mit Hilfe der 3-Finger-Methode sichtbar machen und sie auf Nachfrage hin verbalisieren

◆ Sich dabei auch auf die in der Zieltransparenz formulierten Ziele beziehen

### Lernziele methodisch

Die Schüler

◆ kennen die Symbolkarten für den Unterrichtsverlauf

◆ benutzen den Verabredungskalender

◆ wechseln sich bei der Partnerarbeit ab

◆ treffen sich in einer Vierergruppe und kontrollieren ihre Ergebnisse

◆ tragen etwas selbstbewusst vor

### Lernziele sozial:

◆ Neue Partner freundlich begrüßen

◆ Sich helfen lassen und anderen helfen

◆ Dem Partner zuhören

◆ Einander loben und/oder verbessern

◆ Vorschläge des Partners aufnehmen

◆ Eigene Wünsche äußern

# Kopiervorlagen als Unterrichtshilfen

**13.**

## Teil 1: Symbolkarten für den Unterricht

# Verabredungskalender

```
1 ...........................................

2 ...........................................

3 ...........................................

4 ...........................................
```

# Pair-Check

# Reflektion mit Reflektionskarten

# Team Tournement

# Line-up

# Mind-Map

# Placemat

# Graffiti

# Doppelkreis

# Think-Pair-Square

# Jigsaw

# 3-Finger-Einschätzung

# Teil 2: Kopiervorlagen für die Schülerhand

Illustrator

Schreiber

Zeit-Manager

Material-Manager

Spion

Ermunterer

Berichterstatter

Vorleser

Klasse: | Ziel | heute

**Ich sehe**

◆ ∙∙∙∙∙∙∙∙∙∙∙∙∙∙∙∙∙∙∙∙∙∙∙∙∙∙∙∙∙∙∙∙∙∙∙∙∙∙∙

◆ ∙∙∙∙∙∙∙∙∙∙∙∙∙∙∙∙∙∙∙∙∙∙∙∙∙∙∙∙∙∙∙∙∙∙∙∙∙∙∙

◆ ∙∙∙∙∙∙∙∙∙∙∙∙∙∙∙∙∙∙∙∙∙∙∙∙∙∙∙∙∙∙∙∙∙∙∙∙∙∙∙

◆ ∙∙∙∙∙∙∙∙∙∙∙∙∙∙∙∙∙∙∙∙∙∙∙∙∙∙∙∙∙∙∙∙∙∙∙∙∙∙∙

◆ ∙∙∙∙∙∙∙∙∙∙∙∙∙∙∙∙∙∙∙∙∙∙∙∙∙∙∙∙∙∙∙∙∙∙∙∙∙∙∙

◆ ∙∙∙∙∙∙∙∙∙∙∙∙∙∙∙∙∙∙∙∙∙∙∙∙∙∙∙∙∙∙∙∙∙∙∙∙∙∙∙

**Ich höre**

◆ ∙∙∙∙∙∙∙∙∙∙∙∙∙∙∙∙∙∙∙∙∙∙∙∙∙∙∙∙∙∙∙∙∙∙∙∙∙∙∙

◆ ∙∙∙∙∙∙∙∙∙∙∙∙∙∙∙∙∙∙∙∙∙∙∙∙∙∙∙∙∙∙∙∙∙∙∙∙∙∙∙

◆ ∙∙∙∙∙∙∙∙∙∙∙∙∙∙∙∙∙∙∙∙∙∙∙∙∙∙∙∙∙∙∙∙∙∙∙∙∙∙∙

◆ ∙∙∙∙∙∙∙∙∙∙∙∙∙∙∙∙∙∙∙∙∙∙∙∙∙∙∙∙∙∙∙∙∙∙∙∙∙∙∙

◆ ∙∙∙∙∙∙∙∙∙∙∙∙∙∙∙∙∙∙∙∙∙∙∙∙∙∙∙∙∙∙∙∙∙∙∙∙∙∙∙

◆ ∙∙∙∙∙∙∙∙∙∙∙∙∙∙∙∙∙∙∙∙∙∙∙∙∙∙∙∙∙∙∙∙∙∙∙∙∙∙∙

# Wir haben uns gegenseitig geholfen

# Wir haben die gute Stimmung im Team erhalten

# Unser Ergebnis stellt uns zufrieden

# Wir haben das Verfahren eingehalten

# Pair-Check

| Name 1: | Name 2: |
|---|---|
| It's eight o'clock. | It's six o'clock. |
| It's half past four. | It's quarter past nine. |
| It's quarter to seven. | It's quarter to eleven. |
| It's _____ o'clock. | It's _____ o'clock. |
| It's _____. | It's _____. |
| It's _____. | It's _____. |

# Pair-Check

| Name 1: | Name 2: |
|---|---|
|  |  |
|  |  |
|  |  |
|  |  |
|  |  |

# Schnittkreis

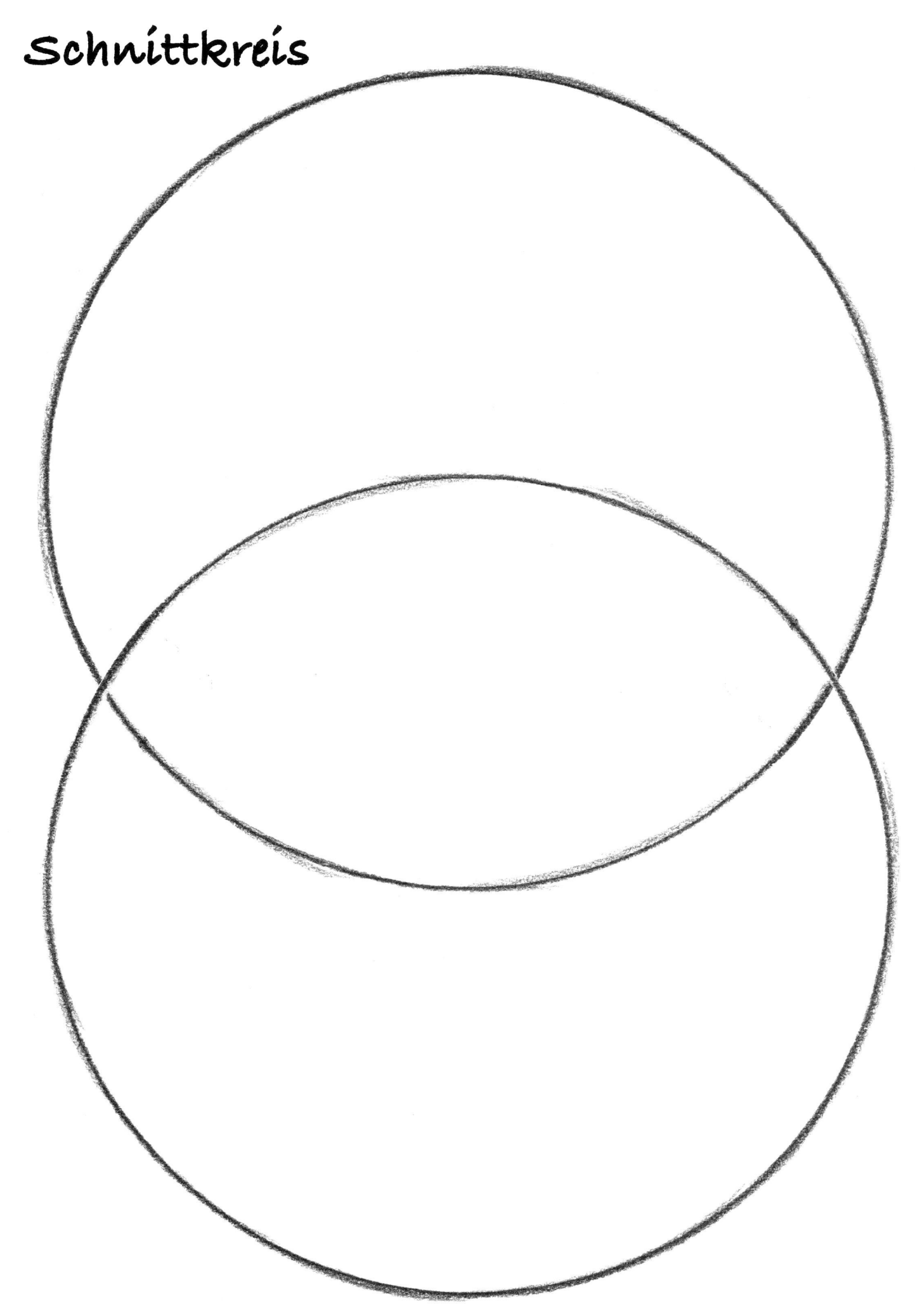

Fischgräte

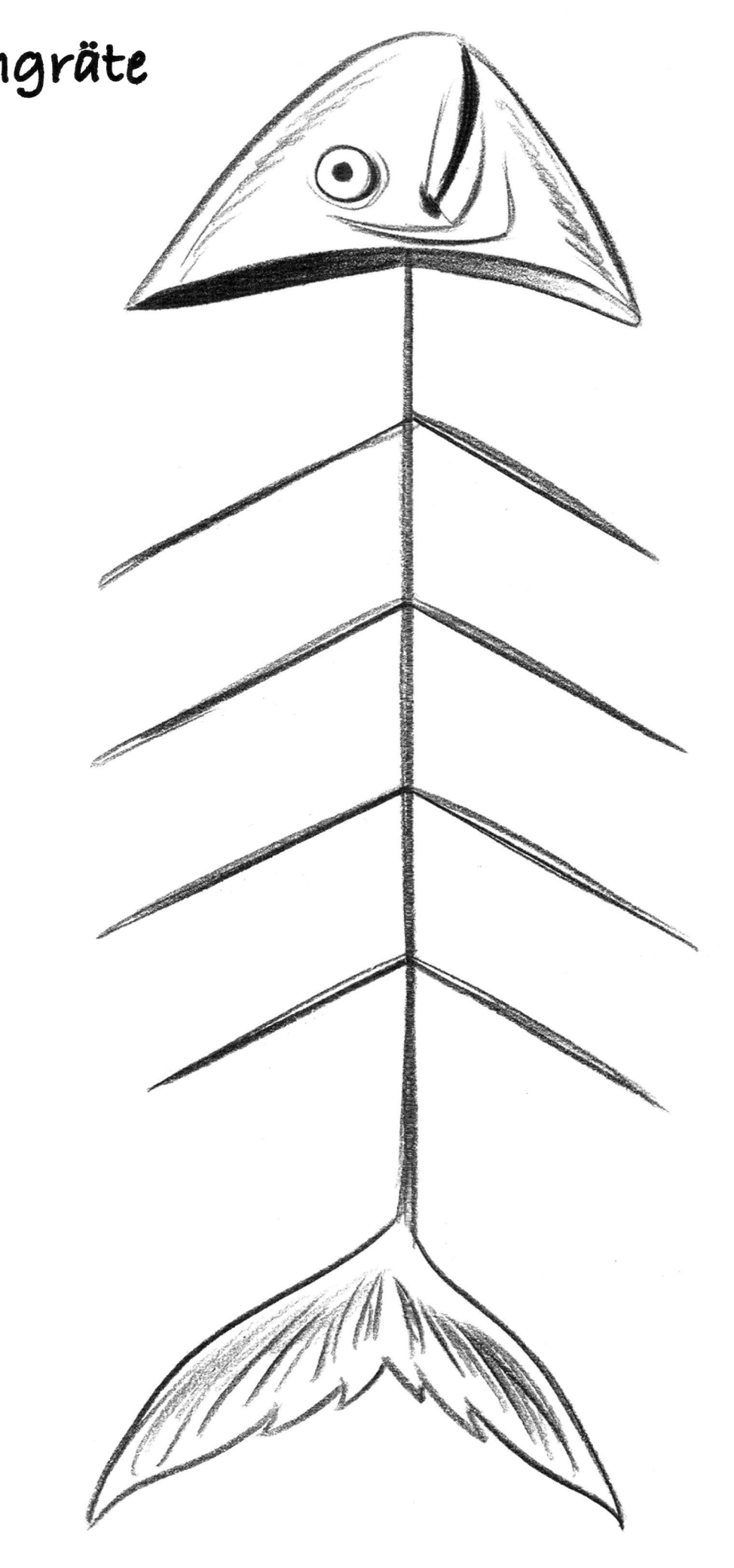

# verabredungskalender

1 ......................................................

2 ......................................................

3 ......................................................

4 ......................................................

# verabredungskalender

Italien ......................................................

Frankreich ......................................................

Spanien ......................................................

England ......................................................

# Verabredungskalender

Nord .............................................

Süd .............................................

West .............................................

Ost .............................................

# Verabredungskalender

Hund .............................................

Katze .............................................

Hamster .............................................

Vogel .............................................

# 14. Literaturliste

*Bauermann, Jürgen/Müller Astrid:* Experten und Anfänger lernen gemeinsam. Lesen und Verstehen von Sachtexten durch wechselseitiges Lehren und Lernen. In: Menzel, Wolfgang: Texte lesen – Texte verstehen, Seelze 2003.

*Baumert, J. et al.:* PISA 2000. Die Länder der Bundesrepublik Deutschland im Vergleich, Opladen 2000.

*Bosselmann, Uta:* HAVAS. Hamburger Sprachstandserhebung am Schulanfang. In Bartnitzky, Horst/Speck-Hamdam (Hrsg.): Deutsch als Zweitsprache lernen. Arbeitskreis Grundschule e.V., Frankfurt 2005.

*Brüning, Ludger/Saum, Tobias;* Erfolgreich unterrichten durch Kooperatives Lernen. Strategien zur Schüleraktivierung, Essen 2006.

*Cohen, Elizabeth.G.:* Designing Groupwork; Strategies for the Heterogeneous Classroom, New York 1986.

*Cwik, Gabriele/Risters, Willi:* Lernen lernen von Anfang an. Kommunikation und Kooperation trainieren, Berlin 2004.

*Ehlich, Konrad:* Spracheignung und deren Feststellung bei Kindern mit und ohne Migrationshintergrund: Was man weiß, was man braucht, was man erwarten kann. In: Bundesministerium für Bildung und Forschung: Anforderungen an Verfahren der regelmäßigen Sprachstandsfeststellung als Grundlage für die frühe und individuelle Förderung von Kindern mit und ohne Migrationshintergrund, Bonn/Berlin 2005.

*Forester Anne D. und Reinhard, Margaret.* The Teacher`s Way: The Role of the Teacher in Today`s Classroom, Winnipeg 1994.

*Green, Kathy:* Kooperatives Lernen im Klassenraum und im Kollegium. Ein Trainingsbuch, Seelze 2005.

*Green, Norm/Green Kathy:* Workshop – Script, Akademie Mönchengladbach 2003.

*Johnson, David u. Roger:* Cooperation, Competition: Theory and Research, Minnesota 1989.

*Johnson, David u. Roger:* Positive Interdependence: The Heart of Cooperative Learning, Minnesota 1992.

*Johnson, David u. Roger:* Learning together and alone. Cooperative, Competitive an Individualistic Learning, Boston 1990.

*Joyce, Bruce / Weil, Marsha/Showers, Beverly·* Models of Teaching. Boston 1992.

*Ministerium f. Schule, Jugend u. Kinder des Landes NRW:* Richtlinien und Lehrpläne Grundschule zur Erprobung, Düsseldorf 2003.

*Reich, Hans H.:* Forschungsstand und Desideratenaufweis zu Migrationslinguistik und Migrationspädagogik für die Zwecke des „Anforderungsrahmens". In: Bundesministerium für Bildung und Forschung: Anforderungen an Verfahren der regelmäßigen Sprachstandsfeststellung als Grundlage für die frühe und individuelle Förderung von Kindern mit und ohne Migrationshintergrund, Bonn/Berlin 2005.

*Schötteldreier, Eva*: Einsatz und Reflektion ausgewählter Formen des Kooperativen Lernens im Hinblick auf die Förderung sozialkommunikativer Fähigkeiten im Rahmen des Projekts „Klassenzeitung". Examensarbeit, Köln, 2004

*Spitzer, Manfred:* Lernen. Gehirnforschung und die Schule des Lebens, Heidelberg/Berlin 2002.

*Weidner, Margit:* Kooperatives Lernen im Unterricht. Das Arbeitsbuch, Seelze 2003.

# Handbuch Sprachförderung

**Hg: Christiane Bainski, Marianne Krüger-Potratz**

Etwa die Hälfte aller Schulkinder aus großstädtischen Haushalten wächst zweisprachig auf. Tendenz steigend. Doch in deutschen Bildungsinstitutionen wird Zweisprachigkeit, eine wertvolle Kompetenz, leider überwiegend als Defizit wahrgenommen. Ein Eindruck, der sich in Schultests vielfach zu bestätigen scheint. Die Deutschkenntnisse aller Kinder verbessern und einen „produktiven, wertschätzenden Umgang mit Mehrsprachigkeit" pflegen – das möchten viele Pädagoginnen und Pädagogen. Aber wie? Dieses Handbuch liefert hierfür das nötige Rüstzeug. Seine Autoren – erfahrene Experten aus Wissenschaft und Praxis – geben einen kritischen Überblick über gängige Sprachstandserhebungen und Tests und informieren gründlich über aktuelle Forschungs-Konzepte und Strategien nachhaltiger Sprachförderung möglichst vieler Sprachen, die in zahlreichen erprobten Praxisbeispielen vorgestellt und erläutert werden. Geeignet für alle Fächer und jedes Kind – weit über Crash-Kurse hinaus.

**Best.-Nr. 309**
**Din A 4, 160 Seiten, 24,80 Euro**

---